INSTRUCTION PUBLIQUE.

ACADÉMIE DU BAS-RHIN.

THÈSE

POUR LA LICENCE,

PRÉSENTÉE

À LA FACULTÉ DE DROIT DE STRASBOURG

ET SOUTENUE PUBLIQUEMENT

Le Samedi, 14 Août 1852, à trois heures,

PAR

ISAAC GOUGUENHEIM,

de Haguenau (Bas-Rhin).

STRASBOURG,

DE L'IMPRIMERIE DE V.e BERGER-LEVRAULT, RUE DES JUIFS, 33.

1852.

A LA MÉMOIRE DE MON PÈRE.

Regrets éternels.

A MA MÈRE.

Reconnaissance.

I. GOUGUENHEIM.

FACULTÉ DE DROIT DE STRASBOURG.

PROFESSEURS.

MM. Aubry ✳, doyen . . . . Droit civil français.
Rauter ✳, doyen hon.ᵉ Procédure civile et Législation criminelle.
Hepp ✳ . . . . Droit des gens.
Heimburger . . . . Droit romain.
Thieriet ✳ . . . . Droit commercial.
Schützenberger ✳ . . . . Droit administratif.
Rau ✳ . . . . Droit civil français.
Eschbach . . . . Droit civil français.

MM. Destrais, } professeurs suppléants.
Luquiau, }

M. Blœchel ✳, professeur honoraire.

M. Bécourt, officier de l'Université, secrétaire, agent comptable.

M. Schützenberger, Président de la thèse.

Examinateurs MM. { Rau,
{ Eschbach,   } Professeurs.
{ Aubry,

La Faculté n'entend ni approuver ni désapprouver les opinions particulières
au candidat.

JUS ROMANUM.

DE JURE DOTIUM.

PROŒMIUM.

Quamdiù uxor matrimonio per confarreationem, per coemptionem vel per usum, in manum mariti conveniebat, non dos intelligi poterat, quia omnia mulieris bona maritus in suprema potestate habebat. Sed ex eo tempore quo melior facta est conditio uxoris, mero consensu viri et mulieris nuptiis valentibus, bona distingui cœperunt in dotalia vel extradotalia.

CAPUT PRIMUM.

De bonis dotalibus.

Dos est quidquid mulier, aut quivis alius pro ea, viro ad onera matrimonii sustinenda dat aut promittit.

Dos alia est profectitia alia est adventitia.

Profectitia dos est quæ a patre vel parente profecta est de bonis, vel facto ejus (L. 5, Ulpianus, *D. de jure dotium*).

Parentem hic accipe per virilem sexum ascendentem. Nec tantum naturalem sed adoptivum quoque patrem. (L. 5, §. 13; *D. eod. tit.*)

Item non de eo solum parente loquimur qui filiam in potestate habet, nam et «si pater pro filia emancipata dotem dederit, profecti-

1

tiam nihilominus dotem esse nemini dubium est, quia non jus potestatis, sed parentis nomen dotem profectitiam facit : sed ita demum, si ut parens dederit : cæterum si, cum deberet filiæ, voluntate ejus dedit, adventitia dos est. " (L. 5, §. 11 ; *D. eod. tit.*)

Ait Ulpianus : *De bonis vel facto ejus* , sive igitur parens dedit dotem, sive procurator ejus, sive jussit alium dare, sive quum quis dedisset negotium ejus gerens, parens ratum habuerit, profectitia dos est. " (L. 5, §. 1 ; *D. eod. tit.*)

Adventitia autem dos est, quæ profectitia non est : qualis est quam mulier ipsa aut extraneus constituit. Extraneum autem intelligimus omnem citra parentem per virilem sexum ascendentem. (L. un., *C. 5*, 13; *de rei uxor. act.*)

Dos profectitia reversura est ad illum qui eam constituit, soluto matrimonio morte mulieris. Quum dos adventitia est jure communi vir eam, soluto morte mulieris matrimonio, lucratur. Interdum etiam qui pro muliere dotem dedit, de ea sibi reddenda pasciscitur : quo casu dos *receptitia* dicitur.

Contra si matrimonium dissolvitur, muliere vivente, seu divortio, seu alio modo, dos aut profectitia, aut adventitia, mulieri vel heredibus ejus competit.

Justinianus illud vetus jus plurimis in causis corrigit in ea præcipue scilicet ut dissoluto matrimonio morte uxoris, dotem adventitiam non vir lucretur sed heredibus mulieris reddenda sit.

CAPUT SECUNDUM.

De constitutione dotis.

SECTIO 1.

Quomodo dos constituatur?

In prisco jure tribus modis dos constituebatur : datione, dictione, vel promissione. (Ulp. *Reg.* 6, §. 1.)

Dos *datur* cum ad maritum referuntur bona ipsa secundum juris civilis modos, id est mancipatio, vel in jure cessio, vel tandem traditio, si de rebus nec mancipi agatur.

Dicitur dos, quæ solemnibus verbis sine ulla interrogatione constituitur. Hæc dictio a cæteris constituendæ dotis modis in eo differt, quod non omnes dotem dicere possunt, sed tantum mulier quæ nuptura est et debitor mulieris, si jussu ejus dicat, et parens mulieris virilis sexus per virilem sexum cognatione junctus (Ulp. Fr. tit. 6, §. 2).

Dos *promittitur* cum promissor secundum stipulationis solemnis modum fit debitor, id est quum affirmat, marito interroganti et stipulanti, se dotem daturum.

Promitti dos potest non solum pure sed ex certo tempore aut sub certa conditione. Tali facta stipulatione, *decem in anno proximo dare spondes?* annus ex die nuptiarum numerandus est; nam, si annum ex die stipulationis computaremus, fieri posset ut, hoc anno elapso antequam nuptiæ secutæ fuissent, dos videretur deberi antequam essent nuptiæ : quod absurdum est, si quidem dos sine nuptiis esse non potest. (L. 48, *D. de jun dot.*)

Sub conditione dos constitui potest, sed non sub ea conditione, quæ conferat stipulationem in id tempus, quo dissolutum erit matrimonium. (L. 20, *eod. tit.*)

Jus novum, dotis dictione abolita, modum dotis dandæ per stipulationem et per dationem servavit, voluitque illam per nudam pollicitationem aut per ultimam voluntatem constituendam (C. 5, 11; 6).

SECTIO II.

Quis dotem constituat?

Dotem aut mulier ipsa sibi constituit, aut pater ejus, aut quivis alius.

Et 1.º mulier ipsa dotem sibi constituere potest. Cæterum jure veteri, cujuscumque ætatis esset, non aliter hoc poterat quam tutore auctore. Jure novo, ex constitutione Zenonis, mulier in majori ætate constituta, tutore aut curatore ad dotem constituendam jam non indiget. (L. 28, *C.* 5, 12).

2.º Pater cogdi potest per proconsules præsidesque provinciarum filiam in matrimonium collocare et pro ea dotem constituere (L. 19, *D. de ritu nupt.* 23, 2). Quantitas autem dotis pro modo facultatum patris et dignitate mariti constitui potest. (L. 69, §. 4; *D. de jure dot.*)

Dotare ad officium patris pertinet. Inde est quod Papinianus ait «quum pater curator suæ filiæ juris sui effectu dotem pro ea constituisset, magis eum quasi patrem id, quam quasi curatorem, fecisse videri.» (L. 5, §. 12; *eod. tit.*)

Hoc confirmavit Justinianus, addiditque ut, si dixerit pater se tam ex suis quam ex filiæ bonis dotare, si quidem pater idoneas ad dotandem filiam facultates haberet adhuc, ex suis bonis in solidum dotasse videretur, sin inops pater esset, ex bonis duntaxat filiæ dotasse intelligeretur. (L. 7, *C. de dotis promissione*, 5. 11).

3.º Quivis alius, præter patrem, dotem constituere potest sed volens. Nam «neque mater pro filia dotem dare cogitur, nisi ex magna et probabili causa, vel lege specialiter expressa; neque pater de bonis uxoris suæ invitæ ullam dandi habet facultatem. (L. 14; *C. de jure dot.* 5, 12.)

SECTIO III.

Quando et quarum nuptiarum nomine possit dos constitui?

Dotem aut antecedere aut sequi matrimonium posse, scripsit Paulus (*Sent.*, lib, 2, tit. 22, §. 1). Sed ante nuptias data adjunctam habet conditionem nuptiarum.

Dotes, constante matrimonio, non solum augentur sed etiam fiunt (*Instit.*, §. 3, *De donat.*, 2, 7).

Dos quidem non est si nuptiæ injustæ sunt, verum si justæ esse cœperunt, convalescit dotis constitutio. (*L.* 68, *Dig. de jur. dot.*)

SECTIO IV.

Quid in dotem constitui possit?

In dotem constitui potest quælibet res, sive tota, sive pro parte. (*L.* 16, *C. de jure dot.*, 5, 12.)

Nec tantum corpora in dotem constitui possunt sed et res incorporales, puta nomen, vel quod ipse vir, vel quod quivis alius debeat. (*L.* 57, *Dig. eod. tit.*)

Possunt duæ vel plures res alternative in dotem constitui. (*L.* 46, *D. eod. tit.*)

Non tantum res singulares in dotem dari possunt, quinetiam « nulla lege prohibitum est universa bona in dotem marito fœminam dare. » (*L.* 4, *C. de jure dot.*, 5, 12.)

Frustra constituitur in dotem quod omnino incertum foret. (*L.* 1, *C. de dot. promiss.*, 5, 11.) Hoc ita, quum promissa est dos simpliciter. Verum, ut rescribit Gordianus : « Si quum ea, quæ tibi matrimonio copulata est, nuberet, is, cujus meministi, dotem tibi, non addita quantitate, sed *quodcumque arbitratus fuisset* pro ea daturus se rite promisit, et interpositæ stipulationis fidem non exhibet : competentibus actionibus usus, ad repromissi emolumentum jure judiciorum pervenies. Videtur enim boni viri arbitrium stipulationi insertum esse. » (*L.* 3, *Cod. eod. tit.*) Quin etiam observatur in patre filiam dotante, ut, et si promiserit dotem simpliciter, de dote arbitrio boni viri statuenda sensisse videatur. (*L.* 69, *Dig. de jure dot.*)

CAPUT TERTIUM.

De jure mariti in dotem.

SECTIO I.

Quod jus nascatur ex dote promissa aut relicta?

Ex stipulatione dotis viro aut socero qui eam stipulatus est, actio quæritur; non vero uxori pro qua dos promissa est. (*L.* 5, *C. de dotis pomiss.*, 5, 11.)

Contra quum testamento aliquid dotis nomine viro relictum est, marito quidem principaliter competit actio ex testamento, sed uxori, actio non est deneganda. Et si enim principaliter viro ejus, tamen et ipsi hoc legatum quodammodo relictum videtur. (*L.* 48, §. 1, *Dig.*, *eod. tit.*)

Venit in exactione dotis quod promissum aut relictum est. Cæterum usuras promissæ dotis, quamvis fuerint in stipulationem deductæ, non poterit vir, socerve exigere, nisi ex quo cœpit sustinere onera matrimonii.

SECTIO II.

Quod jus nascatur ex traditione dotis causa facta?

Traditione secuta vir rerum, quæ ex hac causa traditæ sunt, dominium nanciscitur, si a domino aut voluntate domini traditæ sint. (*L.* 11, *Cod. de jure dot.*, 5, 12.)

Cæterum quamvis rerum, quæ ex causa dotis viro traditæ sunt, dominium sit penes virum, tamen quum soluto matrimonio uxori restitui debeant, et interim fundi dotalis alienatio prohibeatur (ut videbimur infra) dos quodammodo mulieris esse dicitur (*L.* 75, *Dig. de jure dot.*)

Æstimatio dotis venditio est, et vir non rem sed pretium soluto matrimonio reddere tenetur. Inde : si ea res evicta fuerit, nulla pollicitatione vel promissione interposita, actio ex empto viro competit contra socerum vel mulierem seu heredes eorum. Secus si ita æstimetur ut tamen ipsam rem vir soluto matrimonio reddere teneatur, id est si ea tantum de causa fit æstimatio ut declaretur quanti res esset quum marito in dotem tradita est; faciliusque possit æstimari quanti condemnari debeat maritus, si res culpa ejus deterior fiat. (*L.* 1 et 5, *Cod. de jure dot.*, 5, 12.)

Omnia bona mobilia dotis causa data, invita quoque muliere, alienare potest maritus; et ad nomina dotalia percipienda, quamvis nec delegatio mulieris præcesserit, attamen utilis ei competit actio. Ad illum matrimonii onera sustinentem pertinent dotis fructus, tantummodo, constante matrimonio percepti. In dotem autem convertuntur qui ante nuptias percepti sunt. (*L. 7, Dig. eod. tit.*)

SECTIO III.

De alienatione fundi dotalis.

Lege Julia de adulteriis, imperator Augustus statuit : maritum muliere invita fundum italicum dotis causa ei datum non alienare posse, nec pignerare etiam ea volente, quia proniores sunt muliercis ut hypothecæ consentiant. Hujus prohibitionis ratio secundum Paulum : *quia interest rei publicæ mulieres dotes salvas habere propter quas nubere possunt. (L. 2, Dig. de jure dot.)*

Denique Justinianus prohibuit per totum imperium, immobilium dotalium et alienationem et pignerationem, imo mulieris consensu, *ne sexus muliebris fragilitas in perniciem substantiæ earum convertatur.* (*Instit., lib. II, tit.* 8.)

In pluribus causis excipitur hæc alienationis prohibitio :

1.º Si ante matrimonium prædia dotalia venditionis causa æstimata sunt, ut diximus supra;

2.º Cum dotalis fundi pretio uxoris debita solvuntur;

3.º Cum maritus ad communi dividundo de fundo dotali provocatur. (*L. 2, C. de fundo dotalis,* 23);

4.º Dos etiam permutanda, si mulieri hæc permutatio utilis sit. (*L. 26, Dig. de jure dot.*)

5.º Item distractio permissa, cum mulieri, creditoribus urgentibus, utilius videtur dotalem potius quam alium fundum distrahere, quod prædium dotale minus fructuosum sit; dummodo maritus consenserit. (*L. 85, Dig. de jure dot.*)

DROIT CIVIL FRANÇAIS.

Du régime dotal. — De la constitution de dot. — Des droits du mari
sur la dot.

(Art. 1540 — 1563 du Code Napoléon.)

INTRODUCTION.

On appelle *régime* l'ensemble des règles qui déterminent soit les
rapports des époux entre eux quant à leurs biens, soit leurs obligations envers les tiers suivant leurs conventions matrimoniales. La liberté
des conventions matrimoniales proclamée par l'article 1387 du Code
Napoléon, est fondée sur un motif d'ordre public, celui d'encourager
les mariages. Aussi ce principe que les contrats de mariage sont susceptibles de toutes sortes de conventions, se retrouve-t-il dans tous les
systèmes de législation, à l'exception de celui de la coutume de Norman-
die, qui défendait absolument toute stipulation de communauté. Si
donc, le Code Napoléon, tout en se prononçant pour le système de
la communauté, n'a pas proscrit la stipulation du régime dotal, ce
n'est pas seulement pour faire une concession aux partisans de ce régime (concession que nous reconnaîtrons dans le plan), mais pour
laisser aux parties la latitude de régler leurs intérêts pécuniaires
comme elles l'entendent, afin de pouvoir former plus librement ce
lien indissoluble qui doit unir leurs personnes.

Avant d'indiquer les motifs qui ont guidé les rédacteurs du Code à donner la préférence au régime de la communauté, comme devant former le Droit commun de la France sur le régime dotal, il convient de rechercher l'origine de ce dernier régime : « Il faut éclairer l'histoire par les lois et les lois par l'histoire. » (Montesquieu, Esprit des lois, liv. XXXI, chap. II, *in fine*.)

Aperçu historique sur le régime dotal.

Le régime dotal est dû au génie de Rome, mais il ne s'y est développé que fort lentement. Dans les premiers temps, par l'effet seul du mariage, la femme passait sous la puissance du mari : *in manum conventio mariti.* Là il ne pouvait point être question de dot, car il est de règle que les personnes *alieni juris* n'ont pas de patrimoine propre. La femme n'avait qu'un droit de succession, au même rang que ses enfants, sur les biens que le mari laissait à son décès. Si, au contraire, elle mourait pendant le mariage, le mari n'était tenu à aucune restitution.

Une première restriction fut apportée à cette propriété du mari : l'obligation pour lui de rendre les biens dotaux à la dissolution du mariage, savoir : en même nature, qualité et quantité, ou bien l'estimation pour les choses fongibles ou mises à prix par le contrat, et identiquement pour les autres choses. Mais cette obligation de rendre n'est encore sanctionnée par aucune garantie; le mari conserve toujours le *dominium civile* sur les biens dotaux, il a même le pouvoir d'en disposer.

Plus tard les mariages libres ou *mero consensu* s'introduisirent. Le seul consentement suffisait pour l'union légitime comme pour le concubinat, et ce qui distingue la *matrona*, c'est la dot : *sine nuptiis quidem dos nulla intelligitur* (L. 20, *C. de jure dot.*). L'obligation légale de la dot ne date, à la vérité, que de la loi Julia, mais cette loi ne fit que consacrer un usage déjà reçu depuis l'introduction des mariages libres.

Dans ce système, la femme non-seulement restait propriétaire, mais conservait même l'administration de sa fortune. Pour régler les droits du mari sur les biens dotaux, on stipula les *pacta dotalia*. La dot qui provenait du père, lui revenait à la dissolution du mariage *jure peculii*, sauf les droits du mari de retenir une partie en faveur des enfants nés du mariage *propter liberos*. L'étranger n'avait aucun droit de retour sur la dot par lui constituée, s'il n'avait fait une stipulation expresse à ce sujet.

Une ère nouvelle pour le régime dotal commença sous Auguste. La constitution de dot fut rendue obligatoire, afin de favoriser les mariages. D'un autre côté on veilla à sa conservation dans l'intérêt des secondes noces et de la famille. *Reipublicœ interest mulieres dotes salvas habere propter quas nubere possunt* (L. **2**, *D. de jure dot.*). C'est ainsi que la loi Julia (*De adulteriis et de fundo dotali*) défend sur le territoire italique, d'aliéner le fonds dotal sans le consentement de la femme et de l'hypothéquer même avec ce consentement.

Enfin, Justinien constitue l'inaliénabilité des immeubles dotaux même avec le consentement de la femme et sans plus faire de distinction entre les immeubles italiques ou provinciaux (Instit., liv. II, tit. 8). Il accorda à la femme une hypothèque tacite pour la garantie de sa dot et pour les biens paraphernaux, dont elle avait laissé l'administration au mari (L. 1, §. 1, *C. de rei uxoris actione*). Mais le privilége de la dot devint exorbitant lorsque la femme eut la préférence même sur les créanciers antérieurs au mariage. (*Nov. 97, cap.* II.)

Le régime dotal passa dans les Gaules avec le Droit romain; il était depuis bien des siècles suivi dans nos provinces appelées *de Droit écrit*, par la raison que le Droit romain y avait force de loi. Aussi n'est-ce pas sans luttes que les rédacteurs du Code Napoléon ont formé du régime de la communauté, qui n'avait pour territoire que les pays coutumiers, le régime de Droit commun pour toute la France. Cette préférence peut se justifier par cette raison que le régime de la communauté est plus conforme à l'égalité des époux et à leur union que le régime dotal qui sépare leurs intérêts.

« Le régime dotal », dit M. Troplong (Contrat de mariage, IV, p. 8) est un régime sans modération et sans tempérament, et qui se jette d'un excès dans un autre. Tantôt tout tourne contre le mari, tantôt tout contre la femme. S'agit-il de conserver, il n'y a pas assez de priviléges pour l'épouse, le mari, les tiers et le crédit lui sont impitoyablement sacrifiés. S'agit-il, au contraire, d'acquérir, alors la chance tourne contre l'épouse, le mari a trop et la femme pas assez.[1] »

De plus, si l'on admet avec la plus saine partie des auteurs[2] que même sous l'empire du Droit écrit, soit lorsque le mariage avait été fait sans contrat, soit lorsque le contrat ne parlait point de la dot, tous les biens de la femme étaient censés paraphernaux, il faut reconnaître que le régime dotal n'est pas destiné à être un régime légal. Mieux vaudrait dire que la séparation de biens (puisque la paraphernalité n'est autre chose) forme le Droit commun. Il en est autrement du régime de la communauté qui se forme par le fait seul du mariage.[3]

---

1. On pourrait contester, jusqu'à un certain point, que le régime dotal *se jette d'un excès dans un autre*, et soutenir que la trop grande restriction apportée au droit d'acquérir de la femme trouve son *tempérament* dans le privilége exorbitant qui lui est accordé pour conserver, et réciproquement : *secundum naturam est commoda cujusque rei, eum sequi quem sequentur incommoda* (L. 10, *D. de Regulis*, 50, 17). Et en effet, en partant de l'idée que sans le régime dotal, la femme ne contracte point de société de biens avec son mari, et qu'elle lui abandonne les fruits de ses biens, ainsi que les économies à forfait en quelque sorte, pour soutenir les charges du mariage, il semble assez naturel de dire que la femme ne doit en aucune façon être compromise par la mauvaise administration de son mari. Le consentement même de la femme pour l'aliénation de ses biens peut être supposé arraché à sa faiblesse, parce quelle n'y a aucun intérêt actuel. Mais c'est au moins par le point de départ que nous venons d'indiquer que pèche le système du régime dotal, en ce que, comme nous l'avons remarqué, la séparation des intérêts des époux est contraire à leur égalité et à leur union.

2. Tessier, I, n.º 8; Troplong, IV, n.º 3020 et suiv.

3. Par cela même que le régime dotal, pour exister avec ses éléments, exige un contrat, il n'est pas à la portée de tout le monde, et dans le midi de la France, où les exemples de communauté conventionnelle sont encore assez rares, les exemples de communauté légale deviennent de jour en jour plus fréquents, parce que les gens du peuple se marient sans contrat.

Le projet de loi sur le titre du contrat de mariage, présenté le 6 vendémiaire an XII, par la section de législation du conseil d'État, après avoir établi les règles de la communauté légale dans le chapitre II, passe chapitre III aux conventions qui peuvent *modifier* la communauté légale ou l'*exclure* totalement. Ce chapitre est divisé en deux sections, dont la première traite de la *communauté conventionnelle* ou des *conventions modificatives de la communauté légale*, et la seconde des *conventions exclusives de toute communauté et de leurs effets*. Cette seconde section fut divisée en cinq paragraphes qui contenaient toute la matière des exclusions de communauté, celle même qui résultait du système des biens dotaux et paraphernaux. « Il y a exclusion totale de communauté, portait l'article 132 du projet : 1.° par la clause portant que tous les biens de la femme sont dotaux; 2.°, etc. » Cet ordre était logique, car les époux ne peuvent déroger que de deux manières à la communauté *légale*, c'est-à-dire à celle qui se fonde *sur une présomption établie par la loi à défaut de contrat*, ou en *modifiant* cette communauté ou en l'*excluant* totalement. Mais pour dissiper les appréhensions des partisans du régime dotal, et pour faire cesser les réclamations des contrées méridionales où l'on se récriait contre la préférence accordée au régime de la communauté, on consacra dans la séance du 4 brumaire an XII un chapitre spécial au régime dotal, c'est le chapitre III; et les autres *conventions exclusives de la communauté* de même que les *conventions modificatives* ne formèrent plus que la seconde partie du chapitre II. On paraissait ainsi faire marcher de front les deux systèmes et leur donner une égale importance. Mais il en est résulté un défaut de méthode et des répétitions inutiles. Ainsi le Code traite en deux endroits distincts de la convention qui, en excluant la communauté, attribue au mari l'administration et la jouissance des biens de la femme.[1] (Cfr. art. 1530 à 1535 et 1549 à 1573.)

---

1. Zachariæ III, §. 498, texte *in fine* et note 1.

CHAPITRE PREMIER.

De la nature de la dot et du régime dotal.

Le *régime dotal* est ainsi appelé, parce que la dot, quand il y en à une, est l'objet de règles exceptionnelles, ayant principalement pour but d'en assurer la conservation et la restitution.

L'article 1540 porte : « La dot, sous ce régime comme sous celui du chapitre II, est le bien que la femme apporte[1] au mari pour soutenir les charges du mariage. » De cet article il résulte que le caractère distinctif du régime dotal ne consiste pas dans la stipulation de dot. C'est ce que dit même en termes formels l'article 1392 dont le deuxième alinéa prouve du reste que le régime dotal est exceptionnel, non-seulement quand il est opposé à celui de la communauté légale, mais encore par rapport à tous les autres régimes. Cela tient à ce que la dotalité place les biens hors du commerce et les frappe d'inaliénabilité. (Cfr. art. 1574.)

De ce que la dot est apportée au mari pour soutenir les charges du mariage, il suit qu'elle ne forme pas un titre lucratif pour lui. Les créanciers de la femme ou de celui qui a constitué la dot ne pourraient donc faire révoquer la constitution dotale qu'en prouvant que le mari a été *conscius fraudis*[2]. Il en est autrement à l'égard de la femme : les créanciers ont l'action paulienne, lors même que la femme n'aurait pas été de connivence avec le donateur. Il suffit que ce dernier ait nui à ses créanciers[3]. Et à cet égard il n'y a pas lieu à distinguer entre la

---

1. *Ou promet d'apporter*, car la tradition n'est pas nécessaire pour la perfection du contrat.

2. Liv. XXV, §. 1. *D. quæ in fraudem creditorum* (42, 8); Art. 1540 et 1547 cbn.; Tessier 1, n.º 3; Troplong, n.ᵒˢ 131 et 3012, Du contract de mariage.

3. Liv. XVII *D. quæ in fraudem creditorum;* Tessier 1, n.º 3; Zachariæ II, §. 313, note 15; Troplong, *op. cit.,* n.ᵒˢ 131 et 3013.

constitution de dot faite par un étranger et celle qui est faite par les père et mère, car le Code Napoléon (art. 204) a adopté le principe du Droit coutumier : *ne dote qui ne veut*, et l'obligation naturelle qui existe de la part des parents de doter leur fille, ne pourrait faire dégénérer la constitution dotale en titre onéreux.

CHAPITRE II.

De la constitution de la dot.

SECTION PREMIÈRE.

Comment et quand se fait la constitution?

§. 1.er *Comment se fait la constitution?*

D'après l'article 1392, alinéa 1, il faut une déclaration expresse pour la soumission au régime dotal. Mais cette déclaration ne produit son effet caractéristique qu'accompagnée de la constitution de dot. Car tous les biens de la femme qui n'ont pas été constitués sont paraphernaux (art. 1574). La nécessité d'une constitution dotale pour l'existence de la dot résulte encore des articles 1541 et 1542. Si l'article 1391 dit : « Ils peuvent cependant déclarer d'une manière générale qu'ils entendent se marier, ou sous le régime de la communauté, ou sous le régime dotal; » au premier cas, etc. Au deuxième cas et sous le régime dotal, leurs droits seront réglés par les dispositions du chapitre III; « il entend parler des dispositions contenues dans la section IV du chapitre III, qui traite des biens paraphernaux et non des articles 1554 et 1560, ainsi que le tribunal de Guéret a entendu interpréter cet article dans un jugement du 7 mai 1827. »[1]

Mais les termes, *dot constituée*, sont-ils sacramentels? Cette ques-

---

1. Ce jugement fut réformé par un arrêt de la Cour de Limoges, du 4 août 1827. (Dalloz, 1828, 2.e partie, p. 58.)

tion divisait autrefois les parlements : les uns, et notamment celui de Paris, soutenaient l'affirmative; les autres, et notamment celui de Bordeaux, soutenaient la négative[1]. Le Code a adopté cette dernière solution dans l'article 1541 : « Tout ce que la femme se constitue ou qui lui *est donné* en contrat de mariage, est dotal, s'il n'y a stipulation contraire.

Ainsi, par exemple, on doit considérer comme dotaux tous les biens présents de la femme si les époux ont déclaré *se prendre avec tous leurs biens et droits* (art. 1542, al. 2), et tous les biens présents et à venir de la femme, si les époux ont déclaré *se prendre avec tous leurs biens et droits présents et à venir* (art. 1542, al. 1). Ainsi, lorsque la femme s'est réservé certains immeubles comme paraphernaux, il faut considérer tous les autres biens présents comme dotaux; car autrement la réserve serait sans objet. Ainsi encore, sont dotaux les biens dont la femme a déclaré conférer au mari l'administration et la jouissance et ceux qu'elle a déclaré lui apporter pour soutenir les charges du mariage.

M. Duranton[2] se fondant sur la généralité des termes de l'art. 1541, enseigne que la libéralité faite par le futur à la future dans le contrat de mariage, constitue un pacte de dotalité implicite. M. Tessier[3] et M. Odier[4] n'admettent cette décision que pour le cas où la constitution dotale embrasse tous les biens présents et à venir de la femme. J'avoue, dit M. Troplong (IV, n.º 3038), que même en ce cas j'aurais des difficultés à adopter cette décision[5]. La stipulation de dotalité de

---

1. Benoît, I, 4; Toullier, XIV, p. 46.
2. XV, n.º 334, p. 380. Voy dans le même sens MM. Rodière et Pont (II, 480).
3. I, p. 15.
4. III, n.º 1071.
5. Nous allons plus loin que M. Troplong : nous soutenons que la décision de MM. Tessier et Odier est de la plus grande inconséquence. Ils enseignent contre M. Duranton que lorsqu'il y a constitution de tous les biens présents de la femme, l'immeuble donné par le mari dans le contrat de mariage est paraphernal. Mais est-il

tous les biens présents et à venir ne saurait évidemment comprendre
que les biens autres que ceux qui, par le contrat de mariage, ont le
caractère de paraphernaux. Il y a exception pour les biens qui, par
la destination que leur donne le contrat de mariage, ne sont pas biens
dotaux, ne sont pas apportés au mari et sont virtuellement et nécessairement exceptés. »

Dans le doute sur les conventions matrimoniales, il faut se décider
pour la paraphernalité ; car les biens de la femme sont paraphernaux
de leur nature. Ce principe est démontré par l'article 1574, et plus
clairement encore par l'article 1542, al. 2.[1]

D'ailleurs, la femme qui se constitue une dot, contracte une obligation, et le doute doit s'interpréter en faveur de la paraphernalité,
en vertu de l'article 1162 du Code Napoléon.

Avant la loi du 10 juillet 1850, les tiers qui traitaient avec des
époux, étaient exposés à traiter avec une femme se disant faussement
mariée sans contrat, et par conséquent, en communauté. Cette loi,
dont les dispositions font partie intégrante du Code Napoléon, en
même temps qu'elle a eu pour but de procurer aux époux et surtout
à leurs enfants, après leur décès, le moyen de retrouver facilement
leur contrat de mariage, est venue mettre les tiers à l'abri du danger
que nous venons de signaler. Toutes les fois que l'acte de célébration,

---

paraphernal parce qu'il est compris parmi les biens à venir ? Évidemment non. C'est
donc parce qu'il est paraphernal de sa nature ; ce qui revient à dire : quoique tous
les *biens présents* de la femme soient dotaux, il est un *bien présent* qui est paraphernal, c'est celui qui est donné par le mari. Or, que change à cela la stipulation
additionnelle de dotalité des biens à venir ?

1. L'art. 1574 pourrait à la rigueur s'entendre du cas où la femme s'est constitué
quelque bien et n'être qu'une application de la règle : *inclusio unius exclusio alterius*. Il est vrai que cette interprétation ne devrait pas être admise à cause de la
généralité des termes de l'art. 1574 : *tous les biens*, et son rapprochement avec celui
qui le suit. L'art. 1542, al. 2 établit la présomption que la femme, en se constituant
en termes généraux tous ses biens, n'a songé qu'à ses *biens présents*, et sur le
fondement de cette présomption il déclare les biens à venir paraphernaux.

dressé par l'officier de l'état civil, déclare qu'une femme est mariée *sans contrat,* et que la femme (ou son mari pour elle) dans l'acte qu'elle passe avec un tiers ne fait pas une déclaration qui démente celle de l'acte de célébration, cette femme est réputée par rapport à ce tiers, et quant à l'objet du traité qu'elle a passé avec lui, capable d'aliéner ses biens, de les hypothéquer et de les engager comme si elle était mariée en communauté légale.

§. 2. *Quand se fait la constitution?*

La constitution de dot doit précéder la célébration du mariage[1] (art. 1394). La dot ne peut être constituée ni même augmentée pendant le mariage (art. 1543). Cet article est de droit nouveau. L'augmentation de dot était admise dans le Droit romain et dans plusieurs de nos anciennes provinces. Lors de la discussion du Code civil, le consul Cambacérès s'efforça de faire rédiger la loi dans le même sens, afin d'accorder aux parents la faculté d'égaliser toujours les dots entre leurs enfants, et avec les mêmes garanties de conservation; mais sur les observations de M. Tronchet, le principe contraire prévalut dans l'intérêt des tiers. Ces derniers traitant sur la foi du contrat de mariage relativement à des biens que celui-ci leur laissait croire libres, ne doivent point se trouver évincés par une inaliénabilité imposée pendant le mariage.

L'article 1543 n'est-il que la répétition ou la conséquence de l'article 1395? Nous croyons, au contraire, que les deux articles s'occupent d'hypothèses tout à fait différentes. D'après l'article 1395, les conventions matrimoniales ne peuvent être changées pendant le mariage. Or, le changement aux conventions ne se suppose que de la part de ceux qui les ont faites, c'est-à-dire, de la part des époux eux-

---

1. «*Doit précéder la bénédiction nuptiale*» (Tessier, I, p. 43). C'est par inadvertance que l'auteur s'est servi de ces mots, car, civilement parlant, nous ne voyons pas le rapport entre la *bénédiction nuptiale* et le mariage.

3

mêmes. Mais la donation ou le legs fait par un tiers avec condition
de dotalité quand la femme ne s'est constitué que ses biens présents,
est-ce là un changement aux conventions matrimoniales? Nullement,
et la preuve c'est que l'article 1401 permet au donateur d'exclure le
mobilier donné de la communauté légale, et réciproquement, l'article
1405, d'y faire entrer l'immeuble donné. Il a donc fallu une disposition spéciale pour défendre aux tiers d'augmenter la dot; c'est là
l'objet de l'article 1543. La condition de dotalité imposée dans une
donation faite pendant le mariage, doit être réputée non écrite
comme contraire à la loi, et la donation reste pure et simple. (Article 900 du Code Napoléon.)

Les observations qui précèdent nous conduisent à résoudre une
autre question : la dot peut-elle être diminuée pendant le mariage?
La prohibition ne se trouve pas dans l'article 1543; ce n'est donc
qu'en vertu de l'article 1395 que la diminution peut être prohibée.
Mais par cela même que ce n'est qu'en vertu de ce dernier article,
nous nous renfermerons dans l'hypothèse qu'il prévoit. Ainsi, dans
l'hypothèse où la femme s'est constitué ses biens présents et à venir,
la personne sur la succession de laquelle la femme n'avait aucun droit
de réserve, pourrait valablement attacher à une disposition faite au
profit de cette dernière, la condition que les biens donnés ou légués
seraient exclus de la dot. [1]

Ne sont pas soumises à la prohibition de l'article 1543 les augmen-
tations naturelles; par exemple, les alluvions, les accrues et les bâti-
ments. Il faut encore considérer comme un développement naturel du
droit de propriété, l'usufruit qui, pendant le mariage, vient se réunir
à la nue propriété des biens que la femme s'est constitués. [2]

---

1. Duranton, XIV, 150; Tessier, 1, p. 48; Zachariæ, III, p. 568; Troplong, 1,
n.º 68; Rej., 9 mai 1842; Paris, 5 mars 1846; Aix, 16 juillet 1846 (Dev., 42, 1, 513;
46, 2, 149 et 402). — *Contrà* Rodière et Pont, 11, 411; Vatismenil, Consultation.
(Dev., 42, 1, 513.)

2. L. 4. *D. de jure dot.* (23, 3).

SECTION II.

Quelles stipulations et quels biens peuvent être compris dans la constitution de dot ?

§. 1.er *Des stipulations qui peuvent être comprises dans la constitution de dot.*

La constitution de dot est susceptible de toutes sortes de stipulations (art. 1387). La dot peut être constituée purement et simplement, ou à terme, ou sous quelque condition, ou avec quelque charge.

Le terme fixé dans le contrat est censé courir du jour de la célébration du mariage.[1]

La dot peut être constituée sous une condition suspensive ou résolutoire. Et cette condition peut n'être subordonnée qu'à la volonté du donateur. (Art. 1086 et 947 comb.)

D'après l'article 1088, le contrat de constitution de dot est conditionnel de sa nature. Il est résolu de plein droit, si le mariage n'a pas lieu. Cette condition n'est censée défaillie que lorsqu'il est devenu certain que le mariage, en vue duquel la donation a été faite, ne s'accomplira pas (art. 1176). La condition n'en serait pas moins défaillie si, après un mariage intermédiaire, les deux anciens futurs, devenus libres, venaient à se marier.[2]

§. 2. *Des biens qui peuvent être compris dans une constitution de dot.*

La constitution de dot peut frapper tous les biens présents et à venir de la femme, ou tous ses biens présents seulement, ou tous ses biens à venir seulement, ou un objet individuel simplement. (Articles 1542, 1082, 1084 et 1081.)

« On entend par *biens présents*, toutes les choses que l'on possède

---

1. L. 48, *in princ. D. de jure dot.* (23, 3).
2. L. 21 et 22. *D. de jure dot.*; Toullier, XIV, n.º 57.

ou sur lesquelles on a un droit quelconque, pur et simple, ou dépendant, soit d'une condition résolutoire, soit d'une condition suspensive, rétroagissant à l'acte qui établit le droit, et par *biens à venir,* les biens qui ne sont pas au pouvoir de quelqu'un et sur lesquels il n'a ni droit pur et simple, ni droit dépendant, soit d'une condition résolutoire, soit d'une condition suspensive, ayant un effet rétroactif. » (Tessier, I, p. 102.)

Il résulte de cette définition que l'on doit comprendre parmi les biens présents tous ceux que la femme recueille pendant le mariage, par l'effet d'une succession précédemment ouverte, ou d'un pacte de rachat précédemment stipulé, ou d'une action en revendication dérivant d'une cause antérieure au mariage.

Quand la femme s'est constitué sa part indivise dans un immeuble, il n'y aura jamais de dotal que cette part, quand même par l'effet du partage ou de l'acte qui en tient lieu, l'immeuble entier écherrait à la femme. A la vérité, par l'effet rétroactif du partage, la femme doit être réputée comme ayant été propriétaire *ab initio* de la portion nouvellement acquise, mais cela ne prouve pas qu'elle ait entendu se constituer l'immeuble en entier. Elle a même formellement exprimé le contraire, en constituant *sa part.*

Il en serait autrement si la femme s'était constitué *ses biens présents* ou *tous ses biens en général,* ce qui revient au même. Ici l'immeuble devrait être dotal en entier, par le même motif que d'après l'article 1408, l'acquisition faite pendant le mariage de la totalité de l'immeuble dont l'un des époux était propriétaire par indivis, forme un propre.[1]

Quoique la femme puisse se constituer tous ses biens à venir ou une partie de ces biens, il faudrait regarder comme illicite, en vertu de l'article 1130, la clause par laquelle la femme se constituerait spécialement les biens d'une personne encore vivante.

---

1. Tessier, I, p. 276; Duranton, XV, n.º 361; Rodière et Pont, II, 395; Troplong, IV, n.º 3050 à 3052; Zachariæ, III, p. 590. Voy. cep. Zachariæ, III, p. 568.

SECTION III.

Des personnes qui constituent la dot ; de la nature , de l'étendue et des conséquences de leurs engagements.

Toute personne capable de disposer de ses biens, peut constituer une dot[1] ; mais, comme nous l'avons remarqué à la fin du chapitre premier, il n'y a pour personne obligation légale de doter. Le Code a dérogé en ce dernier point aux principes du Droit romain[2]. Nos lois présument que si les père et mère refusent de doter leurs enfants, c'est plutôt parce qu'ils n'en ont pas les moyens que par manque de tendresse. D'ailleurs, l'action de dot que le Droit romain accordait à l'enfant, avait toujours quelque chose de contraire à la piété filiale et pouvait donner lieu à de grands scandales. Mais tout en supprimant l'obligation civile de doter, les rédacteurs du Code ont reconnu l'obligation naturelle pour les père et mère indistinctement ; Arg., art. 1422, al. 1 ; cbn. art. 1439 ; cpr. art. 204, 1965, 1967.

Nous n'avons ici à rechercher les conséquences de cette obligation naturelle, qu'en ce qui concerne les donations de dot faites par des père et mère dotaux, soit à la fille, soit au fils[3], se mariant sous un régime quelconque.

La constitution de dot, lorsqu'elle émane des père et mère, peut être faite :

Soit par le père seul du vivant de la mère,

Soit par la mère seule du vivant du père,

Soit par le survivant des père et mère,

Soit par les père et mère conjointement.

Parcourons successivement ces diverses hypothèses.

---

1. La capacité de disposer n'est point exigée d'une manière absolue pour les constitutions faites par la femme elle-même. (Art. 1398.)

2. L. 19. *D. de ritu nuptiarum* (23, 2) ; L. 14. *Cod. de jure dot.* (5, 12).

3. *Nec obstat* art. 1546 ; cfr. art. 1545.

1.º « Si la la dot est constituée par le père seul pour droits paternels et maternels, la mère, quoique présente au contrat, ne sera point
engagée, et la dot demeurera en entier à la charge du père. » Art. 1544,
al. 2; cpr. art. 1439.

Cette disposition exceptionnelle au Droit commun, et que M. Cambacérès trouvait dure, a été justifiée par M. Portalis, dans les termes
suivants : « Il est bon qu'il y ait quelque chose de plus que la présence
de la mère, pour lui faire présumer son consentement. A raison de la
subordination de la femme au mari, cette présence pourrait être forcée »
(Locré XIII, p. 250, n.º 9).

La loi ne s'est pas bornée à dire que la constitution de dot faite par
le père n'engage point la mère, elle a ajouté que *cette dot demeurera
en entier à la charge du père*. En l'absence de cette disposition, on
aurait pu soutenir que la constitution doit être annullée pour la moitié
afférente à la femme, puisque le père, en dotant pour droits paternels
et maternels, n'a entendu s'engager personnellement au delà de la
moitié. M. Benoît (I, n.º 45 et 46) et M. Odier (III, 1123), critiquent
même pour ce motif la décision du Code. M. Troplong (IV, 3072), a
répondu que « le mariage n'ayant eu lieu qu'à la condition de la dot
promise, il faut que le mari la paie pour le tout, sans quoi la bonne
foi des époux serait trompée. »

2.º Si c'est la mère seule qui dote, du vivant du père et avec son
autorisation, elle est liée par cet engagement (art. 1556); mais sera-
t-elle liée pour le tout? Cette question aurait pu en être une sous
l'empire du Droit romain, qui imposait au père seul, dans les cas
ordinaires, l'obligation de doter. On pouvait se demander si la femme
n'agissait pas plutôt comme mandataire de son mari que pour son
propre compte. Mais sous notre législation actuelle, où *ne dote qui ne
veut*, la femme n'est pas censée avoir parlé pour le mari, et elle ne
doit avoir aucun droit de répétition contre lui.

3.º Si le survivant des père et mère constitue une dot pour biens
paternels et maternels, sans spécifier les portions, la dot se prendra

d'abord sur les biens du futur époux, dans les biens du conjoint pré-décédé, et le surplus sur les biens du constituant » (art. 1545).

Cet article est fondé sur le principe *nemo liberalis nisi liberatus*. Le constituant, en déterminant la somme qui doit former la dot, est censé avoir voulu épuiser d'abord ce qu'il est légalement tenu de donner, sauf à parfaire la somme *de suo*. Il en serait de même, si les père et mère vivant encore tous deux, et l'enfant ayant des biens lui prove-nant d'une source quelconque, ces père et mère ou l'un d'eux décla-rait constituer la dot, tant en biens de l'enfant qu'en biens à eux propres.[1]

Il faut remarquer du reste, dans l'article 1545, ces mots, *pour droits paternels et maternels*. Pour que le constituant soit censé avoir voulu se libérer, avant d'exercer une libéralité, il faut qu'il ait indiqué dans la constitution de dot, sa qualité de débiteur, sans quoi il com-mettrait un dol par réticence envers les futurs époux (cpr. art. 1546).[2]

4.º Si les père et mère constituent conjointement la dot, sans distin-guer la part de chacun, elle sera censée constituée par portions égales, » (art. 1544, al. 1). Chacun des époux, dans ce cas, est tenu pour moitié de la dot, sans qu'il y ait solidarité, si elle n'a été stipulée (art. 1202).

Par exception aux principes généraux, en matière de donations[2], l'article 1547 soumet à la garantie des objets constitués, ceux qui constituent une dot. Cette obligation de garantie repose sur cette idée que la dotation intéresse non-seulement l'époux doté, mais encore l'autre époux, et surtout leurs enfants; que sans la dot, peut-être le mariage ne se serait point accompli, puisque la dot est destinée à assurer aux époux des ressources suffisantes pour vivre et élever con-venablement leur famille.

De là résultent les conséquences suivantes :

1.º L'obligation de garantie est indépendante du régime adopté par les futurs époux (cpr. art. 1440).

---

1. Cass., 17 déc. 1828; Dalloz, 29, 1, 66.
2. L. 18, §. 3. *D. de donat.* (39, 5); L. 2. *C. de evict.* (8, 5).

2.º La garantie est due par toute personne qui a constitué la dot. La femme elle-même qui s'est constitué une dot *de suo*, est tenue envers son mari à la garantie sur ses paraphernaux.[1]

3.º La garantie est due non-seulement au mari, par rapport auquel la dotation est une véritable disposition à titre onéreux, mais encore à la femme qui reçoit la dot pour une cause onéreuse[2]. L'action personnelle en garantie ne pourrait même être exercée par le mari que contre sa femme. S'il agit contre les tiers, c'est en sa qualité de sous-acquéreur et comme ayant cause de sa femme, en vertu de l'art. 1166 (voy. Marcadé VI, p. 31).

4.º Enfin, la garantie est due au mari, pour la jouissance dont il est privé et à la femme pour la propriété de l'objet constitué. L'action qui en résulte pour l'un ou pour l'autre, peut être exercée même après la dissolution du mariage[3]. L'éviction, qui n'a lieu que postérieurement à cette époque, donne, dans tous les cas, à la femme le droit de former son action en garantie. Le mari ne peut intenter cette action en pareille circonstance, que lorsqu'il est fondé à demander la valeur de l'objet évincé, dans les hypothèses prévues par les articles 1551 et 1552.

Que la dot ait été constituée par un tiers ou par la femme elle-même, les intérêts, lorsqu'il n'y a pas de stipulation contraire, en sont

---

1. L. 1. *Cod. de jure dot.* (5, 12).

2. Nous distinguons la *cause onéreuse* d'avec le *titre onéreux*. Ce dernier signifie l'acte par lequel l'un des contractants donne ou promet de donner à l'autre une chose destinée à former l'équivalent de ce qu'il reçoit de lui. Il y a *cause onéreuse* quand la libéralité, exercée par l'un des contractants envers l'autre, a été pour ce dernier la cause qui l'a déterminé à se soumettre à quelque charge expressément ou tacitement prévue par le contrat. Ainsi le mari reçoit la dot de sa femme (soit immédiatement, soit par tradition, *brevi manu*, comme le dit M. Troplong, IV, 3012) *à titre onéreux*, parce qu'il s'engage à nourrir et à entretenir elle et les enfants qui naîtront du mariage. La femme reçoit la dot *à titre gratuit* du donateur, parce qu'elle ne lui fournit pas d'équivalent; mais elle reçoit pour *cause onéreuse*, pour aider le mari à supporter les charges du mariage et pour les supporter elle-même en cas de prédécès du mari.

3. Duranton, XV, n.º 377; Zachariæ, III, p. 391.

dus, de plein droit, du jour du mariage, encore qu'il y ait terme pour
le payement (art. 1548; cpr. art. 1440). Cette dérogation aux articles
1146 et 1185 se justifie par la raison que les intérêts sont pour le
mari une indemnité des dépenses du ménage, qui prennent naissance
avec le mariage même.

Malgré la généralité des termes des articles 1548 et 1440, M. Tessier
(n.º XXXIX) pense que « si la dot consiste en choses non productives
d'intérêt, comme des meubles, les intérêts n'en sont pas dus *ipso jure*,
et que le mari ne peut être indemnisé du retard par lui éprouvé, que
par la prestation de dommages-intérêts qui tombent dans l'arbitrage
du juge. » Tout en approuvant cette décision quant au fond, parce
qu'elle est conforme à l'esprit de la loi, nous ne pouvons nous empê-
cher de regarder comme impropre cette expression *choses non productives d'intérêt*. Il n'y a que les sommes promises en argent qui pro-
duisent des intérêts. Aussi n'est-ce que de cette hypothèse que s'occupent spécialement les articles 1548 et 1440. Les autres objets promis
en dot peuvent produire des fruits naturels ou civils qui, par analogie, doivent être également dus au mari, à partir du jour du mariage.
M. Zachariæ a soigneusement évité cette confusion au §. 500, n.º 5.

Il ne faut pas induire de la disposition finale des articles 1548 et
1440, que le constituant doit déclarer en termes formels, que la dot
est payable sans intérêts. Il suffit qu'il ait manifesté sa volonté à cet
égard, d'une manière non douteuse. Ainsi, il a été jugé que les intérêts d'une somme promise en dot, mais dont le constituant s'est réservé
l'usufruit, ne commencent à courir qu'à dater de la cessation de l'usufruit[1]. Nous croyons encore que le constituant manifeste suffisamment
son intention de ne pas payer les intérêts, si la dot consiste en une
créance sur un tiers payable à terme, sans intérêts.[2]

---

1. Civ. Cass., 13 mars 1827. (Sir., XXVII, 144.)
2. Delvincourt, III, p. 103; Bellot des Minières, IV, p. 53; Duranton, XV, 382;
Benoît, 1, p. 158; Tessier, 1, p. 167; Zachariæ, §. 500, note 14; Troplong, II,
n.º 1255. — *Contrà* Toullier, XIV, 97; Civ. réj., 7 juillet 1835. (Sir., XXXV, 1, 914.)

CHAPITRE III.

*Des droits du mari sur les biens dotaux et de l'inalié-
nabilité du fonds dotal.*

SECTION PREMIÈRE.

Des droits du mari sur les biens dotaux.

L'article 1549, dans les deux premiers alinéas, confère deux droits importants au mari : le droit d'administration et le droit de jouissance. Voyons ce que comporte chacun de ces droits.

Le mari seul a l'administration des biens dotaux pendant le mariage. Il a seul le droit d'en poursuivre, soit les débiteurs (par action personnelle), soit les détenteurs (par action réelle).

Il résulte de la contexture grammaticale du deuxième alinéa de l'article 1549. *Il a seul le droit* que non-seulement le mari peut poursuivre seul et sans le concours de la femme, mais qu'il a ce droit à l'exclusion de cette dernière. La femme ne jouit donc pas du bénéfice accordé par l'article 218, de pouvoir se faire autoriser par justice au refus du mari, parce que le droit de poursuivre est personnel à ce dernier. Mais nous allons plus loin, et nous soutenons que les poursuites faites au nom de la femme *autorisée par son mari* sont nulles.[1]

Puisque le mari peut agir seul en demandant, il doit aussi pouvoir agir seul en défendant, et tous ceux qui ont à exercer quelque action

---

1. Voy. en ce sens Benoît, I, 106; Duranton, XV, 402; Zachariæ, §. 535, note 2; Limoges, 4 fév. 1822 (Sirey, XXII, 2, 247). — *Contrà* Toullier, XIV, n.º 141; Bellot, IV, 65; Lyon, 16 janv. 1834 (Sirey, XXXV, 2, 52); Rodière et Pont, II, 481. Ces derniers auteurs nous paraissent avoir fait une fausse application de la règle *utile per inutile non vitiatur*, puisque ce n'est pas au nom du mari et de la femme conjointement que l'action est intentée. Et l'ancienne maxime, *nul ne plaide par procureur*, nous paraît au contraire très-applicable à ce cas. Du reste, ces auteurs semblent en contradiction avec eux-mêmes, en ce qu'au n.º 583 ils disent que la femme ne saurait en aucun cas être admise à exercer l'action en révocation de l'aliénation du fonds dotal, avant la séparation de biens.

relative à la dot, doivent la diriger contre le mari, sans qu'il soit besoin d'appeler la femme.

Cependant la Cour de Bordeaux a jugé [1] que si le mari peut valablement agir seul en demandant, c'est que son action tend à conserver, tandis que l'action des tiers tendant à diminuer la dot, le mari ne peut y défendre sans le concours de la femme et qu'ainsi les tiers doivent intenter l'action contre le mari et la femme à la fois. Cette distinction n'est pas admissible [2], puisque le mari en sa qualité d'usufruitier est tout aussi intéressé à ne pas laisser diminuer la dot en défendant qu'à la conserver en demandant; qu'étant représentant légal dans un cas, il doit l'être dans l'autre. Il est vrai que la femme serait exposée à la diminution de la dot par la collusion du mari avec les tiers. Mais la fraude faisant exception à toutes les règles, la femme pourrait valablement se pourvoir par tierce opposition contre le jugement qui serait le résultat d'une pareille collusion. [3]

Quand nous disions tout à l'heure que la femme était exposée à la collusion de son mari avec les tiers, nous avons supposé qu'en général les jugements rendus avec le mari seul, soit en demandant, soit en défendant, ont l'autorité de la chose jugée contre la femme. Et, en effet, le mari en même temps qu'il agit *proprio nomine* pour sa jouissance, agit pour la propriété comme représentant légal de la femme. [4]

---

1. 16 mars 1827 (Dalloz, XXVIII, 2, 39).

2. M. Troplong (IV, 121) la réfute d'une manière peu logique : D'un côté, dit-il, est-ce que le mari ne conserve pas la dot en défendant; et de l'autre, n'empêche-t-il pas la dot de diminuer, en actionnant les tiers qui l'usurpent? — Oui, le mari conserve en défendant; mais en ne défendant pas ou en défendant mal, il laisse diminuer; tandis que s'il agit, l'action ne peut qu'être utile à la femme, puisqu'elle tend à conserver et jamais à diminuer.

3. Merlin (Rép. au mot *Puissance maritale*, sect. II, §. 3, n.º 8); Dalloz, X, 305, n.º 6; Zachariæ, III, 570; Troplong, IV, n.º 3107. — *Contrà* Riom, 28 janv. 1844 (Dev. 46, 2, 17).

4. Duranton, XV, n.ºˢ 398 et 399; Zachariæ, III, 571; Rodière et Pont, II, 483; Troplong, IV, n.º 3106. — *Contrà* Tessier, II, p. 137; n.º 835; Toullier, XIII, p. 331.

Le droit du mari d'agir seul, soit en demandant, soit en défendant, existe-t-il également au cas de partage? Trois opinions se sont présentées à cet égard :

D'après la première, le mari pourrait valablement défendre à une action en partage, mais il ne pourrait provoquer le partage sans le concours de la femme. On se fonde sur l'analogie tirée de la loi romaine.[1] (L. 2, *C. de fundo dotali*, 5, 23.)

D'après la seconde opinion, le mari peut provoquer le partage tout aussi bien qu'y défendre sans le concours de la femme. Cette opinion se fonde sur la généralité des termes de l'article 1549, et n'admet pas l'analogie tirée du Droit romain, parce que d'après notre législation le caractère du partage n'est plus attributif, mais bien déclaratif.[2]

D'après la troisième opinion, le mari n'a ni le droit de provoquer le partage, ni le droit d'y défendre sans le concours de sa femme. Cette opinion se base sur l'article 818 du Code Napoléon, qui par la généralité de ses termes s'applique tout aussi bien au régime dotal qu'à celui de la communauté; qu'on dirait en vain que l'article 1549 est postérieur en promulgation à l'article 818, puisque la loi du 30 ventôse an XII a réuni tous les titres du Code en un seul corps de lois, sous un titre commun, et leur a donné à tous la même force, sans qu'on puisse invoquer la priorité de celui qui fut le plus tôt converti en loi.[3]

---

1. Marcadé, VI, p. 34.

2. Benoît, I, 117; Delvincourt, III, p. 382; Troplong, IV, n.º 3108 et suiv.

3. Toullier, XIV, n.º 156 à 158; Chabot, sur l'art. 818, n.º 3; Tessier, II, n.º 838; Rodière et Pont, II, 414; Paris, 14 juillet 1845 (Dev., 45, 2, 511); Civ. Cass., 21 janv. 1846, et Considérant de cet arrêt (Dev. 41, 1, 263).

M. Zachariæ, III, p. 571, texte et note 11, paraît ne refuser au mari que le droit de provoquer un partage; mais en combinant ce passage avec le §. 621, texte *in fine* et note 20, on voit qu'il refuse également au mari le droit de défense. Quand, à la note 11 de la page 571, il cite la loi 2 *Cod. de fundo dotali*, il n'entend donc s'y référer qu'en partie, c'est-à-dire en ce qui concerne l'action et non la défense. D'ailleurs l'article 818, cité à la même note 11, comme devant décider la question *in terminis*, parle formellement de la défense à l'alinéa 2.

Nous n'hésitons pas à adopter cette dernière solution, car elle ne nous paraît nullement en opposition avec l'article 1549. La provocation d'un partage ou la défense à un partage n'est point un acte de poursuite contre les débiteurs ou détenteurs de la dot, et si pour ces derniers actes le mari a capacité pleine et entière, c'est qu'en général ses intérêts s'identifient avec ceux de la femme; mais quant au partage leurs intérêts sont souvent opposés, le mari trouvant son avantage à avoir un lot composé de plus de valeurs mobilières dont il pourra disposer, que de valeurs immobilières, tandis que la femme a un intérêt tout contraire.

Le pouvoir de transiger est-il renfermé dans les actes d'administration que le mari peut faire sans le concours de sa femme? D'après la maxime *qui transigit alienat*, il faudrait dire que non; il faudrait de plus refuser entièrement aux époux dotaux le pouvoir de transiger. Cependant on a toujours distingué de la transaction qui contient une véritable aliénation ou diminution de la dot, celle qui ne tend qu'à prévenir un procès par quelques concessions réciproques; dans ce dernier cas, la transaction n'est qu'un acte de bonne administration qu'il faut maintenir. [1]

Il est inutile de dire que le mari dotal peut faire tous les actes de simple administration qui rentrent dans les attributions du mari sous le régime de la communauté. Ainsi il peut louer les immeubles dotaux sous les restrictions apportées par les articles 1429 et 1430.

Une autre conséquence du droit d'administration c'est le pouvoir de recevoir le remboursement des capitaux que l'article 1549 attribue au mari purement et simplement. Il en résulte qu'il n'est pas tenu de faire emploi de ces capitaux, ni de fournir aucune sûreté si le contrat de mariage ne lui en a formellement imposé l'obligation. Si l'emploi est exigé par le contrat, les débiteurs ne peuvent valablement se

---

1. Merlin, au mot Transaction, 58; Troplong, IV, n.º 3127; Limoges, 3 juillet 1813 (Dev., 4, 2, 336); Rej., 10 janv. 1826 (Dalloz, 26, 1, 183).

libérer que sur la justification de la part du mari d'un emploi utile.[1]

La déclaration de remploi doit être acceptée par la femme (Arg., art. 1435) : *Eadem est ratio.* Toutefois cette acceptation ne la rendrait pas non recevable à réclamer plus tard, si l'emploi était fait sans utilité, parce que souvent l'acceptation pourrait être arrachée à la femme par les obsessions du mari[2]. Elle a donc, en cas d'inutilité de l'emploi, son recours contre le mari et subsidiairement contre les débiteurs qui ont payé entre les mains de ce dernier.[3]

L'article 1549 ne se borne pas à conférer au mari un pouvoir d'administration très-étendu sur les biens dotaux, il lui donne de plus le droit de *percevoir* (ajoutons : *et de s'approprier*) *les fruits et les intérêts.* Ce droit de jouissance est un usufruit, d'après l'article 578[4]. Aussi l'article 1562, al. 1, déclare-t-il que « le mari est tenu à l'égard des biens dotaux de toutes les obligations de l'usufruitier. » Mais il faut remarquer : 1.º que cet usufruit se fonde sur l'obligation imposée au mari de soutenir les charges du ménage; 2.º que le mari réunit à sa qualité d'usufruitier celle d'administrateur légal. De la combinaison de ces principes il résulte que l'usufruit du mari diffère de l'usufruit ordinaire principalement dans les points suivants :

a. Le mari ne peut ni céder son droit d'usufruit, ni le grever d'hypothèque, et ses créanciers ne sont pas autorisés à le frapper de saisie.

---

1. Troplong, IV, n.º 3123; Marcadé, VI, p. 41. — Dans la pratique, lorsque le débiteur a quelque doute sur l'emploi ou sur son utilité, il consigne la somme due, pour ne la payer que sur un jugement déclarant l'emploi bien fait. (M. Benech, n.º 60.)

2. Roussilhe, n.º 256; Benech, n.º 50; Troplong, n.º 3123.

3. Benoît, I, 12; Toullier, XIV, n.º 154; Zachariæ, III, p. 576, note 9.

4. A moins d'admettre, comme M. Troplong (IV, p. 112), que le mari a une quasi-propriété, il faut dire qu'il a l'usufruit, puisqu'il *jouit des choses dont un autre a la propriété à la charge d'en conserver la substance.* C'est à tort que M. Toullier (XIV, p. 148) dit : « C'est conclure du particulier au général. » Une définition n'est exacte qu'autant qu'on reconnaît la chose définie par le caractère propre que la définition lui attribue.

b. « Le mari n'est pas tenu de fournir caution pour la réception de la dot, s'il n'y a pas été assujetti par le contrat de mariage » (art. 1550). Cette exception se justifie d'ailleurs par le motif qu'il serait ignominieux pour le mari de faire intervenir un tiers pour garantir les intérêts de la femme, à laquelle la loi a, du reste, assuré la garantie de l'hypothèque légale.

c. Une indemnité est due au mari pour les coupes de bois qu'il aurait pu faire pendant sa jouissance et qu'il n'a pas faites (cfr. art. 590), et pour les améliorations par lesquelles il a augmenté la valeur des biens dotaux. (Cfr. art. 599.)

d. Le mari n'a droit aux fruits pendants par branches ou par racines qu'en faisant raison à la femme des frais de semence et de culture. Par contre quand il a fait des cultures et des semences pour les fruits de la dernière année, il en doit être indemnisé proportionnellement par sa femme. (Arg., art. 1571; cfr. art. 585.)

Quoiqu'en principe, les revenus et les intérêts de la dot appartiennent au mari, cependant il peut être convenu, par le contrat de mariage, que la femme touchera annuellement sur ses seules quittances une partie de ses revenus pour son entretien et ses besoins personnels (art. 1549, al. 3). Les biens dont la femme sera autorisée à toucher les revenus et les fruits diffèrent des paraphernaux en ce que le mari en conserve l'administration.

Quand le contrat de mariage indique d'une manière précise, les débiteurs ou détenteurs sur lesquels la femme doit prendre la somme réservée, cette indication est obligatoire pour les débiteurs désignés, qui ne se libèrent valablement qu'entre les mains de la femme.

Parmi les objets constitués, il en est dont la propriété passe au mari, soit à raison de leur nature, soit à raison des stipulations ou clauses contenues dans le contrat de mariage. Ainsi les choses qui se consomment par le premier usage et celles qui sont destinées à être vendues, appartiennent au mari par suite du quasi-usufruit auquel elles sont soumises à son profit (Arg., art. 587). Ainsi le mari devient propriétaire des objets mobiliers non fongibles par l'estimation qui en est faite dans le contrat de mariage, à moins qu'on n'ait déclaré que l'estimation n'en fait pas vente (art. 1551). Enfin, le mari devient même propriétaire de la dot immobilière, si les immeubles ont été estimés avec déclaration expresse que l'estimation en fait vente (art. 1552). Le Code s'est écarté en ce dernier point des principes du Droit romain, d'après lesquels l'estimation fait vente sans distinction entre les meubles et les immeubles : *dos æstimata, dos vendita* (*L.* 5 et 10, *C. de jure dot.*)

Dans tous les cas où le mari devient propriétaire des objets constitués, il n'est débiteur que du prix d'évaluation, peu importe que ces objets aient augmenté ou diminué de valeur. (Arg., art. 1551.)

La règle posée par l'article 1551 s'applique également aux meubles incorporels. Ainsi, quoique le capital d'une créance soit indiquée dans le contrat, le mari n'en devient propriétaire que lorsqu'il y a estimation dans le contrat. (Arg., art. 1567.[1])

L'article 1553 nous indique une autre catégorie de biens devenant la propriété du mari : les immeubles qui viennent remplacer dans la main du mari les sommes dotales qu'il a reçues ou devait recevoir, si la clause de l'emploi n'a été stipulée par le contrat de mariage.

Lorsque la clause d'emploi est stipulée par le contrat de mariage, l'immeuble que le mari achète au moyen des deniers dotaux ou celui qu'il reçoit en payement de la dot est dotal, si lors de l'acquisition le mari a déclaré qu'il devait servir de remploi à la femme, et que celle-ci ait accepté cette déclaration. (Art. 1553, cfr. art. 1434 et 1435.)

SECTION II.

De l'inaliénabilité du fonds dotal.

Nous diviserons cette section en deux paragraphes : le premier trai-

---

1. Rodière et Pont, II, n.º 400; Troplong, IV, n.º 3164. — *Contra* Odier, III, 1227.

tera du principe de l'inaliénabilité, et le second des exceptions à ce principe.

§. 1.er *Du principe de l'inaliénabilité.*

Lors de la discussion du Code Napoléon, M. Berlier et M. Treilhard proposèrent au Conseil-d'État d'abroger l'inaliénabilité de la dot comme inconciliable avec l'intérêt du commerce. Leur projet en contenait même un article exprès : « Les immeubles constitués en dot ne sont point inaliénables, et toute convention contraire est nulle. » Mais cet article fut rejeté sur la réclamation de MM. Portalis et Cambacérès, qui prétendirent que c'était dénaturer le régime dotal que d'abroger l'inaliénabilité qui en forme le caractère distinctif. On permit seulement, sur la demande de M. Berlier, de déroger au principe de l'inaliénabilité par stipulation[1]. C'est dans ce sens que fut porté l'article 1554.

On doit considérer comme des aliénations : la concession d'un droit d'usufruit, d'usage ou de servitude; les baux dont la durée excède celle qui est fixée par les articles 1429 et 1430, la donation et même l'institution contractuelle. Nombre d'auteurs[2] soutiennent cependant que les immeubles dotaux peuvent faire l'objet d'une institution contractuelle. Comme l'institution contractuelle, disent-ils, n'est qu'un testament irrévocable, qu'ainsi c'est une aliénation qui n'a d'effet qu'après la mort de la femme, que celle-ci ne se prive que du droit de disposer à titre gratuit, qu'en devenant veuve, elle pourra tout aussi facilement trouver à se remarier, car elle apportera à son second mari tous les bénéfices matériels de sa chose, ce serait exagérer la portée de l'article 1554 que de l'appliquer à ce cas. Ces raisons ne nous ont pas convaincu. L'inaliénabilité des biens dotaux a pour but, non pas seulement de conserver les biens pendant le mariage, mais

---

1. Procès-verbal des conférences du Conseil d'État, VII, p. 70.
2. Grenier, Des Donations, II, n.º 431; Tessier, 1, p. 310, note 507; Duranton, IX, n.º 724; Troplong, IV, n.º 3272.

encore de les faire rentrer après la dissolution de l'union conjugale, libres de toutes charges dans le patrimoine de la femme ou de ses héritiers[1]. Or, en se privant du droit de disposer à titre gratuit, la femme aliène pendant le mariage une partie importante de ses droits sur les biens dotaux; ceux-ci ne rentreraient donc plus dans le patrimoine de la femme ou de ses héritiers francs et libres. D'ailleurs est-il vrai de dire que la femme n'en éprouverait aucune difficulté à se remarier, puisqu'elle ne peut faire aucun acte de libéralité au profit de son nouvel époux?[2]

Ne sont point prohibées comme aliénations les dispositions de dernière volonté, ni les donations entre époux pendant le mariage qui, à raison de leur révocabilité, doivent être assimilées sous ce rapport aux dispositions testamentaires. (Art. 1096.)

L'inaliénabilité a pour but, avons-nous dit, de faire rentrer les biens dotaux, après la dissolution du mariage, libres de toutes charges dans le patrimoine de la femme ou de ses héritiers. De là il résulte que les dettes contractées par la femme pendant le mariage, ne peuvent être poursuivies sur la propriété des immeubles dotaux, même après la dissolution du mariage.[3]

La Cour de Toulouse, tout en admettant que les engagements contractés par la femme ne peuvent être poursuivis sur les biens dotaux après la dissolution du mariage, a jugé, par arrêt du 29 novembre 1834[4], qu'il n'en est pas de même à l'égard des héritiers de la femme; que, par l'adition pure et simple, les patrimoines de la défunte et de l'héritier se sont confondus et sont ainsi devenus le gage des créan-

---

1. Arg., art. 1560.

2. Voy. en ce sens Zachariæ, III, p. 578; Rodière et Pont, II, p. 371; Nîmes, 18 fév. 1834 (Sir., XXXIV, 2, 276); Caen, 16 août 1842 (Dev., 43, 2, 74).

3. Duranton, XV, p. 531; Tessier, I, p. 320; Zachariæ, III, p. 582; Rodière et Pont, II, 370 et les arrêts cités par ces derniers auteurs. — *Contrà* Toullier, XIV, n.º 346; Troplong, IV, n.º 3312, *junge* n.º 3263; Paris, 13 mars 1821. (Sir., XXII, p. 342.)

4. Dalloz, 35, 2, 177.

ciers. Mais cette confusion n'existe-t-elle pas également à l'égard de la femme elle-même qui a des paraphernaux, puisque les biens perdent leur caractère de dotalité après la dissolution du mariage? C'est donc avec raison que cet arrêt a été cassé par la Cour suprême.[1]

La femme peut-elle renoncer à son hypothèque légale ou la céder à ses créanciers? Écoutons M. Troplong (IV, n.° 3265) : « L'hypothèque légale de la femme est un droit immobilier qui, d'après l'article 1554, est inaliénable, en ce sens, que la femme ne saurait s'en priver au préjudice de ses droits dotaux. L'hypothèque est un *jus in re*, un démembrement de la propriété ; c'est un immeuble : les immeubles dotaux sont inaliénables. » Cette opinion ne nous paraît souffrir aucune difficulté dans l'hypothèse où la femme s'est constitué tous ses immeubles en général. Mais il n'en serait plus de même si la femme s'était constitué nommément tels immeubles ; l'immeuble *hypothèque* serait exclu de la dotalité. Toutefois, dans cette hypothèse encore nous refuserions à la femme le droit de renoncer ou de subroger à son hypothèque légale, en tant que cette renonciation ou cette subrogation compromettrait les répétitions qu'elle pourrait avoir à exercer à raison de ses immeubles dotaux ; parce qu'en consentant à la privation de ses garanties, la femme aliène indirectement ses immeubles dotaux.[2]

Les dettes que la femme a contractées par suite d'un délit ou d'un *quasi* délit, peuvent être poursuivies sur la nue-propriété des immeubles dotaux. (Comp. art. 1424 ; *Arg. a fortiori* de l'art. 1310.)[3]

A l'inaliénabilité des immeubles dotaux se rattache l'imprescriptibilité. L'article 1561 porte :

« Les immeubles non déclarés aliénables par le contrat de mariage

---

1. 16 déc. 1846. (Dev., 47, 1, 194.)

2. Cfr. Toullier, XIV, n.° 174 ; Zachariæ, III, p. 577, note 1.

3. Toullier, XIV, n.° 347 ; Zachariæ, III, p. 583, texte et note 30 ; Troplong, IV, n.° 3319 et suiv. ; Limoges, 17 juin 1835 (Sir., XXXVI, 2, 61) ; Caen, 17 août 1839 (Dev., 40, 2, 12) ; Cass., 4 mars 1845 (Dalloz, 45, 1, 185) — *Contrà* Tessier, I, n.° 78 ; Montpellier, 4 fév. 1842. (Dev., 42, 2, 253.)

sont imprescriptibles pendant le mariage, à moins que la prescription n'ait commencé auparavant. Ils deviennent néanmoins prescriptibles après la séparation de biens, quelle que soit l'époque à laquelle la *prescription*[1] a commencé. »

Constatons ces deux points : 1.º si les immeubles dotaux sont déclarés aliénables par le contrat de mariage, ils sont prescriptibles; 2.º dans le cas contraire, ils sont imprescriptibles. Mais il ne faut pas croire que, si l'imprescriptibilité est une conséquence naturelle de l'inaliénabilité, elle en soit une conséquence absolue et forcée. L'imprescriptibilité se fonde sur l'incapacité d'agir où le régime dotal met la femme pendant le mariage (art. 1549). Mais du moment que la femme devient capable d'agir, les tiers peuvent lui reprocher son inaction. Voilà pourquoi le deuxième alinéa de notre article déclare que la séparation de biens rend les immeubles dotaux prescriptibles. On aurait tort d'en conclure que la séparation détruit également l'inaliénabilité. La prescriptibilité peut bien avoir lieu quoique l'inaliénabilité subsiste. Ce qui le prouve, c'est la restriction indiquée par notre article même, alinéa premier, pour le cas où la *prescription a commencé avant le mariage*.[2]

L'article 2256 du Code modifie le deuxième alinéa de l'article 1561, en ce sens que si l'action interruptive que formerait la femme devait réfléchir contre le mari, la prescription ne commencerait qu'à la dissolution du mariage. Cela arriverait dans l'hypothèse prévue par l'article 1560, deuxième alinéa.

L'exception posée par le deuxième alinéa de l'article 1561 ne s'applique pas aux actions en nullité; en d'autres termes, la séparation de biens ne change rien à la situation des tiers qui ont contracté avec la femme elle-même. Que si, en vertu de l'article 1560, la femme sé-

---

1. Il eût mieux valu dire *la possession*.

2. Zachariæ, III, p. 577, note 2 (les auteurs et les arrêts cités dans cette note); Rodière et Pont, II, n.º 611; Troplong, IV, n.º 3574. — *Contrà* Toullier, XIV, n.º 253; Delvincourt, III, p. 114; Nîmes, 23 avril 1812. (Sir., XIII, 2, 209.)

parée a le droit de faire révoquer l'aliénation consentie par elle, seule ou conjointement avec son mari, tout aussi bien que celle qui est effectuée par son mari seul, c'est une pure faculté que la loi lui accorde; mais elle n'entend pas lui imposer l'obligation d'agir sous peine de déchéance. La prescription de l'action en nullité se fonde sur une confirmation tacite; or, la femme ne peut, même après la séparation, confirmer l'aliénation des immeubles dotaux, puisque ceux-ci restent inaliénables pendant toute la durée du mariage.[1]

Nous connaissons le principe de l'inaliénabilité : il s'agit d'en étudier la sanction.

Cette sanction consiste dans une action en révocation qui peut être exercée, soit par la femme ou ses héritiers après la dissolution du mariage (et par la femme même après la séparation de biens), soit par le mari lui-même pendant le mariage. (Art. 1560.)

La loi a pris soin d'indiquer par quelles personnes la révocation peut être demandée. L'aliénation n'est donc frappée que d'une nullité relative, dans l'intérêt de la femme, de ses enfants et du mari, comme chef du ménage. De là résultent les conséquences suivantes :

1.º L'acquéreur n'est pas admis à opposer la nullité de l'aliénation, lors même qu'il a ignoré la qualité de l'immeuble[2]. Il en est autrement lorsque le mari a vendu un immeuble dotal en son nom personnel et comme lui appartenant (Arg., art. 1599[3]). Cependant, M. Troplong (IV, 3522) écarte l'application de cet article, parce que l'article 1560, qui a organisé la vente du bien dotal d'une manière complète, n'a rien à emprunter à l'article 1599, placé au titre de la vente. « En veut-on une preuve palpable? Le vendeur de la chose d'autrui n'a jamais d'action en nullité contre son acheteur. Mais cette

---

1. Duranton, XV, 529; Zachariæ, III, p. 582, texte et notes 24 et 25, p. 584, texte et note 32; Marcadé, VI, p. 94 et 95; Cass., 1.er mars 1847 et 4 juillet 1849 (Dev., 47, 1, 181; 50, 1, 283). — *Contrà* Troplong, IV, n.º 3574 et suiv.

2. Tessier, II, note 694; Zachariæ, III, p. 578; Troplong, IV, n.º 3521.

3. Tessier, II, note 694; Odier, III, n.º 1338; Duranton, XV, n.º 522; Zachariæ, III, p. 578.

règle cesse d'être vraie quand le mari a vendu le bien dotal, en déclarant en être propriétaire. L'article 1560, se mettant au-dessus du Droit commun, veut que le mari puisse agir contre l'acheteur, et cela parce qu'il s'agit d'une nature de propriété exceptionnelle qui exige des garanties particulières. Il est donc clair que les principes relatifs à la vente de la chose d'autrui ne sont pas ceux qui doivent prédominer. »

Cette argumentation se réduit à ce syllogisme : En général, le vendeur de la chose d'autrui ne peut pas faire annuler la vente; cette action n'appartient qu'à l'acquéreur; or, le mari, vendeur du fonds dotal, peut, en vertu de l'article 1560, faire annuler la vente[1]; donc l'acquéreur ne le peut pas. Il est inutile d'insister sur le vice de ce raisonnement.

2.º La femme peut confirmer une pareille aliénation après la dissolution du mariage.

3.º L'aliénation peut être valablement garantie au moyen d'un cautionnement, à l'instar de la vente passée par un mineur.[2]

4.º Enfin, les créanciers de la femme ne peuvent pas exercer l'action en révocation, qui doit être considérée comme exclusivement attachée à la personne (art. 1166)[3]. A plus forte raison, les créanciers du mari ne peuvent-ils exercer ce droit, puisqu'il est attaché à la personne du mari en sa qualité de chef du ménage.

C'est seulement pendant le mariage, en sa qualité de chef du ménage, que le mari peut faire révoquer l'aliénation de l'immeuble dotal[4].

---

1. *Parce qu'il s'agit d'une nature de propriété exceptionnelle qui exige des garanties particulières.*

2. Duranton, XV, n.º 525; Tessier, II, p. 7; Rodière et Pont, II, n.º 589; Troplong, IV, n.º 3517; Cass., 3 août 1825 (Dev., 8, 1, 167). — *Contrà* Merlin, Rép. au mot Dot, §. 8, n.º 5.

3. Troplong, IV, n.º 3519; Marcadé, VI, p. 91.

4. L'action en révocation ne peut donc jamais être intentée par les héritiers du mari, et nous ne comprenons pas que M. Zachariæ ait dit (III, p. 579) : « La nullité de l'aliénation d'un immeuble dotal peut être proposée tant par le mari que par la femme, ainsi que *par leurs héritiers ou successeurs universels.* »

Il ne le peut plus du moment que la femme elle-même peut exercer l'action en révocation, c'est-à-dire, après la séparation de biens[1]. Puisque le mari ne peut provoquer l'aliénation qu'en sa qualité de chef du ménage, il le peut même au cas où il aurait personnellement promis la garantie d'éviction, et l'on ne serait pas admis à lui opposer la règle *quem de evictione tenet actio eumdem agentem repellit exceptio.* La garantie d'éviction a pour effet de rendre le mari passible de dommages-intérêts du moment que l'acquéreur a été troublé dans sa possession. Il en est de même si le mari a promis de faire ratifier la vente après la dissolution du mariage. [2]

En l'absence de toute promesse de garantie, le mari est encore sujet aux dommages-intérêts de l'acheteur, par cela seul qu'en aliénant un immeuble dotal ou en concourant à l'acte d'aliénation, il n'a pas déclaré la dotalité dans le contrat[3]. Néanmoins, il devrait être exempt de dommages-intérêts s'il prouvait que l'acquéreur avait connaissance de la dotalité au moment de la vente (Arg., art. 1560, al. 2; comb. 1599[4]. Dans tous les cas, le mari est tenu de restituer le prix de vente quand même il a seulement autorisé sa femme à aliéner; car la maxime : *qui auctor est non se obligat*, n'est pas applicable à notre cas où il s'agit d'un acte illégal que le mari est censé avoir fait faire à sa femme pour en profiter, parce qu'il est l'époux le plus influent. Mais l'acquéreur qui aurait traité avec la femme non autorisée, n'aurait aucun recours, ni contre le mari ni contre la femme, si ce n'est jusqu'à concurrence du profit personnel que celle-ci en aurait tiré.

La femme n'est pas passible de dommages-intérêts pour avoir laissé

---

1. Zachariæ, III, p. 581; Troplong, IV, n.º 3528 et 3529.

2. Zachariæ, III, p. 581, texte et note 17.

3. Ou qu'il a déclaré que l'aliénation en est permise en vertu du contrat de mariage.

4. Zachariæ, III, p. 581, texte et note 18; Troplong, IV, n.º 3535. — *Contrà* Tessier, II, note 698; Marcadé, VI, p. 89.

ignorer à l'acheteur la dotalité de l'immeuble vendu. (Arg., *a contrario*, art. 1560, al. **2**.)

Avant de passer au second paragraphe de notre section, il nous reste à voir si l'inaliénabilité s'applique également à la dot mobilière, question qui a beaucoup occupé les auteurs et la jurisprudence.

Puisque c'est des Romains que nous est venu l'inaliénabilité de la dot, examinons d'abord à quels biens elle s'appliquait sous la législation romaine. Il est aisé de voir que tous les textes qui s'occupent de la loi Julia ne parlent que de l'inaliénabilité des immeubles. Ainsi, le titre V du livre XXIII du Digeste est intitulé : *De fundo dotali*. La loi 4, au même titre, porte : *Lex Julia quæ de dotali prædio prospexit*. Mais le siége principal de la matière, c'est le titre VIII du livre II des *Institutes, in proœmio*, où Justinien parle de l'amélioration qu'il a apportée à la loi Julia. De plus, les plus savants interprètes du Droit romain affirment qu'il ne faut pas étendre la loi Julia à la dot mobilière.[1]

Le système romain était généralement admis dans les pays de Droit écrit, à l'exception du parlement de Bordeaux et de quelques autres localités qui avaient étendu l'inaliénabilité à la dot mobilière.

Passons au Code Napoléon.

Nous avons déjà dit au commencement de notre paragraphe que le principe de l'inaliénabilité de la dot immobilière même, trouva de sérieux contradicteurs au sein du Conseil d'État. Pour soutenir que les rédacteurs du Code ont voulu consacrer l'inaliénabilité de la dot mobilière, il faudrait donc pouvoir s'appuyer sur des textes formels. Or, nous trouvons, au contraire, que l'article 1554 qui a pour objet de poser le principe de l'inaliénabilité, ne l'énonce que relativement aux *immeubles constitués en dot*; que les articles 1557, 1558 et 1559 qui parlent des cas exceptionnels où la dot est aliénable, ne s'occupent que de l'*immeuble dotal*; que la sanction de l'inaliénabilité ne se trouve posée par l'article 1560 que pour le *fonds dotal*; que l'imprescripti-

---

1. Voy. entre autres Voët : *In Pandectas*, lib. **23**, tit. 5, n.º 4.

bilité qui est une suite naturelle de l'inaliénabilité, n'est appliquée par l'article 1561 qu'aux *immeubles dotaux*; enfin que la rubrique de notre section est intitulée : *Des droits du mari sur les BIENS DOTAUX et de l'inaliénabilité du FONDS DOTAL.* Concluons donc que la dot mobilière est aliénable.

On objecterait à tort que l'expression *biens dotaux*, employée par les articles 1555 et 1556, comprend également les meubles. On ne peut excepter d'une règle que ce qui s'y trouve compris, et ces deux articles ne sont que des exceptions à l'article 1554. Il existait d'ailleurs un motif plausible pour employer dans les articles 1555 et 1556 l'expression de *biens dotaux*; c'est que les dispositions de ces deux articles s'appliquent également aux meubles et aux immeubles dotaux. Mais l'article 1557 qui les suit immédiatement, limite son expression à l'*immeuble dotal*. Pourquoi? Parce que les meubles dotaux sont aliénables sans que l'aliénation en ait été permise dans le contrat de mariage.

Du reste, M. Marcadé (VI, p. 47) réfute victorieusement l'objection élevée par les partisans de l'inaliénabilité de la dot mobilière, objection qui consiste à dire que la dot mobilière mérite la même protection que la dot immobilière. Nous voyons, au contraire, que le Code est partout dominé par cette idée qu'on ne donne jamais aux meubles autant d'importance qu'aux immeubles. Comme exemple, l'auteur cite les articles 1422 et 464. Nous ajoutons un exemple tiré de notre sujet même : les articles 1551 et 1552 comparés.

Il nous reste à examiner séparément le droit du mari et de la femme sur la dot mobilière.

Le mari est maître de la dot mobilière et il peut en disposer sans le consentement de la femme. De là il résulte que la femme n'a pas le droit d'aliéner les meubles dotaux. C'est ce qui a fait dire à plusieurs arrêts que la dot mobilière est *inaliénable* en ce sens seulement, que la femme ne peut l'aliéner ni directement, ni indirectement.[1]

---

1. Cass. rej., 12 août 1846 (Dalloz, 46, 1, 296 et 297); Cass. rej., 29 août 1848 (Dev., 49, 1, 721).

Mais de même que par l'effet de la séparation de biens, la femme reprend la libre administration de ses immeubles dotaux, et peut exercer elle-même tous les droits que l'article 1549 confère au mari, de même la femme séparée doit être relevée de son incapacité d'aliéner les meubles dotaux, puisque ceux-ci ne sont point inaliénables de leur nature comme le sont les immeubles. Telle est l'opinion de M. Troplong (IV, n.° 3257 et suiv.). Cependant la jurisprudence s'est prononcée en sens contraire. La Cour de cassation notamment a rendu deux arrêts, l'un du 23 décembre 1839[1], l'autre du 14 novembre 1846[2], par lesquels elle a jugé que si la femme séparée a le droit de recevoir les capitaux dotaux, elle ne saurait transmettre sa créance à des tiers par vente, cession d'hypothèque et autres actes d'aliénation.

Nous ne nous sommes point occupés jusqu'à présent des fruits de la dot en ce qui concerne le principe de l'inaliénabilité.

Il est évident que le capital de la dot mobilière étant aliénable, les fruits de cette dot le sont à plus forte raison, et la capacité relative des époux pour l'aliénation doit être la même. Quant aux revenus des immeubles, il faut dire que pour le moins ils sont aliénables pour les besoins du ménage, puisque c'est là leur destination. Mais la jurisprudence n'admet pas que le mari, avant la séparation, ou la femme après la séparation, puisse disposer dans un but quelconque des fruits de la dot immobilière; le mari dans un cas, et la femme dans l'autre ne peuvent aliéner les revenus des immeubles qu'après satisfaction des besoins du ménage. Ainsi les créanciers de la femme peuvent saisir le superflu des revenus après la séparation, puisqu'à partir de cette époque les fruits des immeubles tombent dans le patrimoine libre de la femme. Toutefois la Cour de cassation n'a admis l'exécution sur le superflu, appartenant à la femme, que des engagements contractés par elle après le jugement de séparation, et a décidé que les créanciers antérieurs de

---

1. Ch. civ. Dalloz, 40, 1, 1.
2. Dalloz, 47, 1, 27.

la femme ne peuvent pas saisir l'excédant des revenus même après la séparation, parce que la femme n'était pas propriétaire des fruits au moment où elle a contracté les dettes[1]. Cette décision a été vivement critiquée par M. Troplong (IV, n.° 3302) et M. Marcadé (sur l'art. 1554, n.° IV, *in fine*, et n.° VIII). Il est très-vrai, disent ces auteurs, que la femme n'était pas propriétaire des fruits au moment où elle a contracté les dettes; mais est-ce que l'article 2092 ne nous dit pas que le débiteur est tenu de remplir ces engagements sur ses biens présents et à venir? Le superflu des revenus recueillis après la séparation, serait-il plus privilégié qu'un paraphernal? La dette de la femme pourrait être payée sur les paraphernaux; donc, elle peut l'être aussi sur le superflu des revenus recueillis après la séparation.

§. 2. *Des exceptions au principe de l'inaliénabilité.*

1.° « L'immeuble dotal peut être aliéné lorsque l'aliénation en a été permise par le contrat de mariage. » (Art. 1557.)

Faut-il conclure des termes de notre article que les rédacteurs du Code, pénétrés de l'esprit de la loi Julia, n'aient voulu excepter de la prohibition écrite dans l'article 1554 que l'aliénation proprement dite et non l'hypothèque? La raison de douter, c'est que ce dernier article emploie les deux expressions : « l'immeuble dotal ne peut être *aliéné* ni *hypothéqué* »; mais la raison de décider, c'est que la disposition finale du même article porte : *sauf les exceptions qui suivent,* expression qui se réfère naturellement à l'hypothèque comme à l'aliénation; or, dans aucun des quatre articles qui énoncent ces exceptions, il n'est question de l'hypothèque, donc la loi a employé le terme *aliéner,* dans ces mêmes articles, *sensu lato.* L'article 7 du Code de commerce dit même en termes formels, à l'égard de la femme marchande publique, que la prohibition d'hypothéquer les biens dotaux cesse *dans les cas déterminés par le Code civil.*

---

1. 4 nov. 1846 ; Rej., 12 août 1847. (Dev. 47, 2, 161 et 164; 48, 1, 56.)

Mais une question plus difficile, c'est celle de savoir si la faculté *d'aliéner* stipulée dans le contrat de mariage comprend celle d'hypothéquer. M. Troplong (IV, n.° 3363 à 3394) critique vivement la jurisprudence de la Cour de cassation qui, par différents arrêts et surtout par un arrêt solennel des Chambres réunies du 27 mai 1839[1], a décidé la négative. Voici la substance de cette critique : le mot *aliéner* se prend naturellement dans le sens large, quand il n'est pas restreint par quelque raison particulière. Or, en admettant les époux à stipuler dans le contrat de mariage la faculté d'hypothéquer, la Cour de cassation doit nécessairement entendre le mot *aliéner*, employé par l'article 1557, *sensu lato*, donc le mot *aliéner* doit avoir le même sens dans les conventions faites en vertu de l'article 1557.

Nous essayerons de réfuter cette conclusion en puisant notre argument dans la proposition principale émise par M. Troplong lui-même.

Pourquoi attribuons-nous au mot *aliéner* dans l'article 1557 un sens large? parce que (indépendamment des textes qui viennent à l'appui de cette interprétation) il n'existe pas de motif plausible pour le restreindre. Au contraire, il répugnerait au bon sens de dire que les époux peuvent exclure complétement le régime dotal et ne peuvent pas déroger à la prohibition d'hypothéquer. Mais il existe bien un motif plausible pour restreindre le sens du mot *aliéner* stipulé dans le contrat de mariage : c'est que les époux, en adoptant le régime dotal, sont censés avoir voulu se soumettre à toutes les conséquences relatives à la conservation de la dot. Or, la stipulation dont il s'agit, devant apporter une dérogation aux principes relatifs à la conservation de la dot, doit par cela même être interprétée restrictivement, et dès lors la faculté *d'aliéner* stipulée dans le contrat n'emporte pas nécessairement celle d'hypothéquer.[2]

---

1. Dev., 39, 1, 450.

2. Les raisons par lesquelles nous avons justifié la décision de la Cour de cassation ne sont pas celles qu'elle en donne. Tout en soutenant que l'article 1557 emploie le mot *aliéner*, *sensu stricto*, et qu'en conséquence la *faculté d'aliéner*, stipulée dans

La réserve du pouvoir d'aliéner comprend également celui d'échanger. Mais la réserve de vendre n'emporte pas celle d'échanger et réciproquement.[1]

La réserve d'aliéner renferme-t-elle celle de compromettre? On a argumenté pour la négative de l'article 1989. Mais il faut remarquer que la transaction n'est qu'une espèce d'aliénation et que le compromis en est également une. Voilà pourquoi celui qui a pouvoir de transiger, n'a pas pour cela pouvoir de compromettre; d'ailleurs la procuration s'interprète toujours dans un sens spécial. Mais le terme aliénation, employé dans le contrat de mariage, est générique et comprend également la faculté de compromettre. On a encore soutenu que puisque les causes des femmes mariées sous le régime dotal sont communicables au ministère public, on ne peut compromettre sur ces causes (art. 83 et 1004 du C. de procéd. civ.). Mais cette communication n'est indispensable, d'après M. Tessier (1, note 596) et M. Troplong (1V, p. 512), que lorsque la dot est inaliénable. Cette dernière opinion a été consacrée par les arrêts les plus récents.[2]

Lorsque l'aliénation n'a été permise qu'à charge de remploi, l'acquéreur doit veiller à ce que l'emploi soit fait d'une manière utile.

2.° La loi autorise l'aliénation (*sensu lato*) des biens dotaux pour l'établissement par mariage ou autrement des enfants de la femme. A cet égard, le législateur a distingué deux cas : le premier qui a lieu

---

le contrat, doit également être interprétée restrictivement, la Cour pense qu'il est permis de déroger à la prohibition d'hypothéquer en vertu de l'article 1387. Mais cet article à lui seul ne paraît pas concluant, car sa disposition finale porte : « *Et en outre sous les modifications qui suivent,* » et l'art. 1388 nous dit que « les époux ne peuvent déroger *aux dispositions prohibitives* du présent Code. » Or, l'art. 1554 renferme bien une *disposition prohibitive,* qui devrait limiter le principe de la liberté des conventions matrimoniales, si l'on ne combinait ce principe avec le texte même de l'art. 1557, pour interpréter ce dernier *sensu lato.*

1. Zachariæ, III, p. 585.

2. Grenoble, 12 fév. 1846 (Dev., 46, 2, 519); Bordeaux, 5 juill. 1849 (Dev., 50, 2, 93).

lorsque la mère pourvoit à l'établissement des enfants de son premier lit (art. 1555); le second quand elle pourvoit à l'établissement des enfants communs (art. 1556). Au dernier cas, la femme ne peut donner qu'avec l'autorisation du mari[1]. La loi présume que si le père refuse d'autoriser la mère à faire un sacrifice pour les enfants communs, c'est qu'il a de bonnes raisons pour le faire. Au premier cas, la femme peut, au refus du mari, se faire autoriser par justice, mais alors la donation ne portera que sur la nue-propriété.

L'article 1558 reconnaît encore cinq cas de nécessité où le principe de l'inaliénabilité cesse de recevoir son application.

Les voici sommairement :

1.º Nécessité de tirer de prison l'un des époux;

2.º Fournir des aliments à la famille;

3.º Payer les dettes de la femme antérieures au mariage;

4.º Réparer les immeubles dotaux;

5.º Vente forcée par indivision.

Ces cinq cas ont ce point de commun, que l'aliénation ne peut avoir lieu qu'en vertu d'une permission spéciale donnée par le tribunal du domicile des époux, aux enchères et après trois affiches, afin de porter l'immeuble à sa plus haute valeur.

1.er *Cas.* La crainte d'un emprisonnement imminent ne suffirait pas pour autoriser l'aliénation, et celle-ci serait nulle si elle avait été prononcée dans de pareilles circonstances[2]. D'un autre côté, il faut que l'emprisonnement soit sérieux. Si les tribunaux découvraient qu'il est le résultat d'une collusion entre les époux et un tiers pour procurer aux conjoints le moyen d'aliéner le fonds dotal, ils devraient refuser l'autorisation. Et dans le cas où le tribunal l'aurait accordée par igno-

---

1. *Nec obstat* art. 219; Benoît (I, 61); Zachariæ, III, p. 587; Rodière et Pont, II, 507; Troplong, IV, n.º 3347; Limoges, 2 sept. 1835 (Dalloz, 36, 2, 25). — *Contrà* Toullier, XIV, n.º 191; Duranton, XV, n.º 497; Rouen, 24 déc. 1841. (Dev., 42, 2, 77.)

2. Cass., 26 avril 1842. (Dalloz, 42, 1, 250.)

rance de la fraude, l'aliénation ne serait pas nulle à l'égard du tiers acquéreur, mais le prétendu créancier serait comme complice de la simulation responsable envers la femme ou ses héritiers, de la perte de l'immeuble dotal, quand même il y aurait eu coopération frauduleuse de la part de la femme.[1]

2.ᵉ *Cas*. L'aliénation est encore permise pour fournir des aliments dans les cas prévus par les articles 203, 205 et 206, et dans le cas où les époux eux-mêmes étant vieux et infirmes, n'ont pas de quoi pourvoir à leur entretien[2]. L'autorisation d'aliéner peut même être accordée pour acquitter les dettes que les époux ont été forcés de contracter pour aliments.[3]

3.ᵉ *Cas*. L'autorisation d'aliéner peut être accordée aux époux pour payer les dettes de la femme ou de ceux qui ont constitué la dot, lorsque ces dettes ont une date antérieure au contrat de mariage.

Parlons d'abord des dettes de la femme.

La dot peut être aliénée pour le payement des dettes de la femme, toutes les fois qu'elle s'est constitué l'universalité de ses biens, et le mari n'est pas fondé à se plaindre, car les créanciers lui opposent avec raison la règle : *bona non intelliguntur nisi deducta aere alieno*.

Le mari est également tenu de souffrir la déduction des dettes, lorsque l'immeuble, constitué individuellement, était grevé d'hypothèque au profit du créancier avant la constitution.

Mais quand il s'agit d'immeubles non hypothéqués à la dette, et que la femme s'est constitués individuellement, les créanciers ne peuvent exécuter l'obligation que sur la nue-propriété, car le mari doit, par rapport à son droit de jouissance, être considéré comme un acheteur[4]. Il en serait autrement, si le mari avait connu la dette avant le

---

1. Cass., 25 juillet 1842. (Dev., 42, 1, 753.)

2. Tessier, 1, p. 414; Rodière et Pont, II, n.º 515; Troplong, IV, n.º 3448.

3. Caen, 27 janvier 1843 et 7 mars 1845. (Dev., 44, 2, 178; 45, 2, 585.)

4. Tessier, note 642; Duranton, XV, 512; Rodière et Pont, II, 518; Troplong, IV, n.º 3461. — M. Marcadé (VI, p. 72) veut que l'immeuble constitué individuelle-

mariage, et s'était ainsi rendu complice de la constitution faite en fraude des créanciers.

Quant à l'immeuble constitué par un tiers, les créanciers de la femme ne peuvent le saisir puisqu'il ne formait jamais leur gage avant la constitution, et qu'il n'est entré dans le patrimoine de la femme que frappé d'inaliénabilité.[1]

Les dettes du constituant ne peuvent être poursuivies sur les immeubles constitués que dans le cas où il s'agit d'une constitution universelle, ou lorsque les immeubles constitués à titre particulier étaient grevés d'hypothèque.

Les créanciers, soit de la femme, soit du constituant, seraient recevables à exécuter les immeubles dotaux, si la constitution avait été faite avec la charge formellement écrite au contrat d'acquitter les sommes dues à ces créanciers.

4.e *Cas.* L'aliénation du fonds dotal est permise pour *faire de grosses réparations indispensables pour la conservation de l'immeuble dotal* (voy. art. 606). L'aliénation ne pourrait être permise pour faire des constructions nouvelles. Toutefois si ces constructions faites sans autorisation avaient ajouté une plus-value incontestable au fonds dotal, les

---

ment et sans fraude, qui n'était pas grevé d'hypothèque avant la constitution, soit même insaisissable pour la nue-propriété. « Quand la femme, dit-il, a fait, d'une manière efficace envers ses créanciers, passer un immeuble de son patrimoine libre dans son patrimoine inaliénable, les créanciers ne peuvent pas plus l'exproprier que s'il était passé de ce patrimoine libre dans celui d'un tiers. » Cette assimilation nous paraît inexacte. Tous les biens d'un débiteur sont le gage de ses créanciers, et si cette règle fléchit en faveur des tiers acquéreurs, lorsque la dette n'est point hypothécaire, c'est dans l'intérêt des transactions commerciales et de la libre circulation des biens; mais de quel droit la femme pourrait-elle soustraire à ses créanciers les biens qui formaient leur gage avant la constitution, tout en conservant la propriété de ces biens? Nous pensons, toutefois, que les biens dotaux ne pourraient être attaqués qu'à défaut de biens paraphernaux ou après discussion de ces derniers.

1. Marcadé, VI, p. 71. — *Contrà*, Duranton, XV, 513.

tribunaux pourraient permettre l'aliénation pour payer les ouvriers :
nemo cum alterius detrimento locupletior fieri debet.[1]

5.ᵉ *Cas.* Enfin l'aliénation est permise, *lorsque l'immeuble dotal se trouve indivis avec des tiers et qu'il est reconnu impartageable.*

Le tribunal ne peut refuser d'admettre la demande en licitation formée par les tiers copropriétaires (Arg., art. 815). Mais que faut-il décider pour le cas où les époux eux-mêmes provoquent la licitation ? M. Zachariæ (III, p. 589 et note 56) soutient que le tribunal peut refuser d'admettre la demande, parce que la *permission de justice* est exigée pour le cas d'indivision comme pour les cas précédents. MM. Rodière et Pont (II, n.º 525) combattent cette opinion à cause de la généralité des termes de l'article 815. Comment comprendre, disent-ils, que le droit de sortir de l'indivision, que la loi ne refuse à personne, puisse être refusé au mari ? Quant à la permission de justice que l'article 1558 semble exiger relativement à l'immeuble indivis, il faut entendre cette disposition du cas où il s'agit de mettre simplement en vente la part indivise de la femme sans provoquer la licitation. Cette interprétation ne nous paraît point admissible. Rapprochons l'alinéa 1 de l'alinéa 6 : « L'immeuble dotal peut encore être aliéné avec permission de justice », etc., « lorsque *cet immeuble* se trouve indivis avec des tiers », etc. Le même *immeuble* qui se trouve indivis, c'est-à-dire l'immeuble entier et non la part indivise, peut être aliéné avec permission de justice. L'objection que MM. Rodière et Pont élèvent contre l'opinion de M. Zachariæ n'est pas plus fondée. En présence de l'inaliénabilité de la dot qui est basée sur un motif d'ordre public, la loi a bien pu exiger des garanties toutes spéciales, toutes les fois que les tiers ne s'en trouvent pas lésés. Elle ne refuse point aux époux d'une manière absolue le droit de sortir de l'indivision, mais « elle autorise le juge à apprécier, d'après les circonstances, l'opportunité de la demande en licitation formée par les époux » (M. Zachariæ, note 56 précitée ; cfr. *L. 2, Cod. de fundo dotali*, 15, 23).

---

1. Rodière et Pont, II, n.º 520 ; Rouen, 15 avril 1842 (Dev., 42, 2, 520).

Si, par l'effet de la licitation, la femme devient propriétaire des portions de ses copropriétaires, ces portions deviendront dotales ou paraphernales, suivant la distinction que nous avons établie page 20.

Si le mari s'est rendu adjudicataire pour son propre compte, la femme jouit de l'option autorisée par l'article 1408, parce que sous le régime dotal comme sous celui de la communauté, le mari n'est présumé avoir acheté que pour éliminer les étrangers et pour conserver à la femme une propriété qu'elle affectionne. [1]

Lorsque l'immeuble est adjugé à un tiers, la femme reçoit pour sa part une somme d'argent qui est dotale et dont il doit être fait emploi. Si la disposition finale de l'article 1558 parle seulement d'*excédant* de prix, c'est qu'elle a eu principalement en vue les quatre premiers cas énumérés par l'article; mais il est clair que le remploi est plus nécessaire encore, quand il s'agit du prix entier, comme dans le cinquième cas; c'est ce qui résulte du reste de cette expression *dans tous les cas.*

4.° Une dernière exception au principe de l'inaliénabilité est indiquée par l'article 1559 pour le cas où l'immeuble dotal est échangé contre un autre immeuble. L'immeuble reçu en échange sera dotal, porte l'alinéa 2 de l'article. Mais il faut remarquer que si cet immeuble était d'une valeur supérieure à celle de l'immeuble dotal, il ne deviendrait dotal pour le tout que dans le cas où la soulte aurait été payée des deniers dotaux dont l'emploi aurait été prescrit par le contrat de mariage. (Arg., art. 1543.)

---

2. Duranton, XV, 361; Zachariæ, III, p. 590; Troplong, IV, p. 592.

PROCÉDURE CIVILE.

LIVRE III.
DES COURS ROYALES.[1]

TITRE UNIQUE.
De l'appel et de l'instruction sur l'appel.
(Art. 443 — 473.)

PRÉLIMINAIRES.

On entend, en général, par *appel* le recours à un juge supérieur contre le jugement émané d'une juridiction inférieure.

L'appel est une voie *ordinaire* d'attaquer les jugements, parce qu'elle peut être employée contre *tout jugement* qui a été rendu ou qui a dû l'être *en premier ressort* (art. 453), et pour *toutes causes de nullité, erreur ou injustice.* L'appel est de deux sortes, ou *principal* ou *incident.*

---

1. Dans la rédaction primitive du Code de procédure de 1806, le livre III était intitulé : *Des tribunaux d'appel,* et non *Des cours d'appel,* quoique le sénatus-consulte de 1804 (28 floréal an XII) eût déjà donné aux tribunaux d'appel proprement dits le nom de *cours d'appel.* Mais lorsqu'en 1816, en vertu d'une ordonnance royale, on procéda à la révision des codes publiés sous le consulat et sous l'empire, pour substituer aux anciennes dénominations celles du régime nouveau, on remplaça les mots de *tribunaux d'appel* par ceux de *cours royales,* sans faire attention à l'inexactitude de cette rubrique, puisque le livre III traite non-seulement des *cours royales,* mais de tous les tribunaux d'appel (voy. particulièrement art. 471 et 473).

L'appel principal est celui qui est interjeté le premier par la partie qui a succombé soit sur tous les points de la contestation, soit sur quelques-uns. *L'appel incident* est celui qui, dans le cours de l'instance introduite par le jugement, est interjeté accessoirement par l'une des parties, soit d'un jugement qu'on lui oppose et dont on tire avantage contre elle, soit des dispositions qui lui seraient contraires dans le jugement dont son adversaire a déjà appelé, soit enfin des jugements postérieurs à celui qui fait l'objet de l'appel principal.

Le système des appels était admis dans la législation romaine et nous trouvons dans le Digeste plusieurs titres du livre 49 consacrés à cette matière.

Notre ancien Droit français, dans son origine, avait adopté un mode barbare de terminer les procès : le combat ou l'épreuve judiciaire. Plus tard, sous le nom d'appel, on introduisit un nouveau mode d'attaquer les jugements. La partie condamnée était autorisée à porter un défi au juge qu'elle accusait d'avoir faussement jugé, à lui présenter un gage de combat dont le résultat pouvait être l'infirmation du jugement quand le juge avait succombé.

A partir de Saint-Louis seulement, l'usage s'introduisit de recourir à un tribunal supérieur pour faire réformer la sentence rendue par une juridiction inférieure.

Mais les appels, tels qu'ils étaient reçus dans notre Droit français jusqu'en 1790, présentaient de graves inconvénients, en ce que des causes de modique intérêt passaient quelquefois par cinq ou six degrés de juridiction avant d'être définitivement jugées.

L'Assemblée constituante, par la loi du 24 août 1790, remédia à cet abus et décida qu'il y aura deux degrés de juridiction, jamais plus, quelquefois moins; mais craignant de voir se renouveler les abus de pouvoir et les usurpations politiques des anciens parlements, elle imagina d'écarter toute hiérarchie judiciaire et de rendre les tribunaux de district (ce sont nos tribunaux d'arrondissement) juges réciproques des appels, l'un de l'autre.

Ce système continua d'exister jusqu'à ce que fût rendue la loi du 27 ventôse an VIII, qui institua des tribunaux d'appel au nombre de 29, dont deux furent retranchés par les démembrements de 1814.

CHAPITRE PREMIER.

Jugements susceptibles ou non susceptibles d'appel.

SECTION PREMIÈRE.

Jugements contradictoires.

La loi du 12 avril 1838 qui a abrogé l'article 5 de la loi du 24 août 1790, détermine le taux de la compétence, en premier et dernier ressort, des tribunaux de première instance; la loi du 25 mai 1838, celui des juges de paix; la loi du 3 mars 1840 (art. 639, C. de comm.), celui des tribunaux de commerce.

En réglant le Droit d'appel sur la quotité d'intérêt du litige et non sur la nature plus ou moins compliquée de l'affaire, le législateur est parti de cette idée, qu'en général les contestations, quelques simples qu'elles soient, doivent passer par les deux degrés de juridiction; mais qu'il faut excepter celles qui sont d'une valeur assez modique, pour qu'il y ait à craindre en autorisant l'appel, que la plus grande partie de l'objet en litige ne soit consommée par les frais du procès.[1]

---

1. Il y a des lois qui font exception à ce principe. Ainsi, la loi du 7 septembre 1790 veut (art. 2) que les contestations entre les contribuables et le trésor, relativement à la perception des contributions indirectes, soient décidées sans appel par les tribunaux de première instance. Ainsi, la loi du 22 frimaire an VII décide que les contestations relatives à la perception des droits d'enregistrement soient jugées en premier et dernier ressort par les tribunaux de première instance. Enfin, l'art. 6 de la loi du 25 mai 1838 énumère des actions dont les juges de paix ne connaissent qu'à charge d'appel, sans qu'on ait égard au montant de l'intérêt pécuniaire, auquel pourrait être évalué l'objet de la demande. Ce qui prouve, du reste, que la faculté d'appeler est la règle, c'est le deuxième alinéa de l'art. 453, qui indique que l'omission de qualification fait supposer le jugement rendu en premier ressort.

C'est toujours d'après le taux de la demande et non pas d'après la qualification bonne ou mauvaise, employée par les juges, qu'il faut déterminer s'il y a ou s'il n'y a pas matière à l'appel. (Art. 453, cfr. art. 14 de la loi du 25 mai 1838, et art. 646 du C. de comm., loi du 3 mars 1840.)

Quoique la valeur du procès au fond soit dans les limites du dernier ressort, l'appel est recevable lorsqu'il est formé pour cause d'incompétence. C'est dans ce sens qu'il faut entendre la disposition finale de l'article 454, « encore que le jugement ait été *qualifié* en dernier ressort. » (cfr. art. 425). L'article 454 est général et s'applique également aux jugements rendus par les justices de paix. La Cour de cassation l'avait ainsi jugé par différents arrêts rendus avant la loi du 25 mai 1838. L'article 15 de cette loi ne laisse plus aucun doute à cet égard, puisque le pourvoi en cassation n'est plus admissible que pour excès de pouvoir.

SECTION II.

Des jugements par défaut.

Dans l'ancien Droit on tenait pour principe que les jugements par défaut n'étaient pas susceptibles d'appel, lorsque le défaillant n'avait pas formé d'opposition : *contumax non appellat*. L'ordonnance de 1667, au contraire, permettait l'appel même pendant les délais de l'opposition. Bien plus, elle exigeait dans certains cas qu'on attaquât les jugements par voie d'appel plutôt que par voie d'opposition. L'article 455 a pris un parti mitoyen : il a abrogé la maxime *contumax non appellat*, mais il n'autorise l'appel qu'après les délais de l'opposition. Le législateur a pensé que l'on doit préférablement demander aux premiers juges la rétractation du jugement que d'en interjeter appel, et si le défaillant ne s'est pas opposé dans le délai voulu par la loi, il est présumé n'en avoir pas eu le temps ou les moyens, et il peut user de la ressource de l'appel. Notre article 455 est général et s'applique égalementment aux jugements par défaut, rendus par les juges de paix. Mais il reçoit exception pour les jugements des tribunaux de commerce par l'article 645 du Code de commerce, qui, sans distinguer entre les jugements par défaut et les jugements contradictoires, permet d'appeler en matière commerciale le jour même de la prononciation du jugement.

CHAPITRE II.

Des délais de l'appel.

SECTION PREMIÈRE.

Du délai après lequel on ne peut appeler.

D'après l'article 443, le délai d'appel est en général de trois mois. On a pensé qu'un délai plus long prolongerait trop l'incertitude des plaideurs, et qu'un délai plus court les exposerait à des surprises, des oublis, des injustices irréparables. Du reste, il y a des jugements dont le délai d'appel est fixé au-dessous de trois mois. (Art. 731, 763, 377, 392, 809.)

Mais à partir de quel jour court le délai? Ici il faut distinguer entre les jugements contradictoires et les jugements par défaut.

Le délai d'appel pour les jugements contradictoires court du jour de la signification à personne ou domicile. La signification du jugement est un acte qui a pour but de faire connaître le jugement d'une manière certaine à la partie condamnée, de la mettre en demeure d'en appeler et d'autoriser celui qui l'a obtenu à en poursuivre l'exécution.

De cette définition il résulte que l'on peut appeler d'un jugement avant qu'il soit signifié.

Mais la signification fait-elle également courir le délai contre la partie à la requête de laquelle elle est faite? La généralité des termes du premier alinéa de l'article 443 semble indiquer l'affirmative. Cependant, la jurisprudence s'est prononcée en sens contraire par application du principe : *Une partie ne peut se forclore par ses propres diligences*[1]. Telle est aussi l'opinion de M. Carré. Toutefois, cela n'est vrai que quant à l'appel principal d'un jugement signifié avec protestation ; car la signification pure et simple serait un acquiescement qui, de conditionnel qu'il est dans l'origine, deviendrait définitif par cela même que la partie à laquelle le jugement a été signifié n'en aurait pas appelé. Cela résulte de la troisième disposition de l'article 443 : « L'intimé pourra néanmoins interjeter incidemment appel en tout état de cause, *quand même il aurait signifié le jugement sans protestation*. Cette disposition présuppose que le défaut de protestation fait obstacle à l'appel principal, même dans le délai des trois mois.

Le délai d'appel court pour les jugements par défaut du jour où l'opposition n'est plus recevable (art. 443, al. 2). Cette disposition est une conséquence de l'article 455, article dont nous avons expliqué le motif à la section II du premier chapitre. Le jour où l'opposition n'est plus recevable varie suivant qu'il s'agit d'un jugement par défaut contre partie ou d'un jugement par défaut contre avoué (Comp. art. 158 et 157). Dans le premier cas, le délai d'appel court du jour de l'exécution du jugement ; dans le second, du jour de l'expiration de la huitaine, à compter de celui de la signification à avoué. Faut-il que cette signification soit réitérée à personne ou domicile pour faire courir le délai d'appel ? La jurisprudence n'est point d'accord sur cette question.[2]

---

1. 2 floréal an VII, Civ. Cass. (Dalloz, Rec. alphab., 1, 492); Colmar, 23 février 1828 (Dalloz, Rec. pér., 28, 2, 115).

2. Voy. pour l'affirmative : Bordeaux, 26 mai 1827 (Dalloz, Rec. pér., 27, 2, 195); Toulouse, 17 déc. 1832 (*op. cit.*, 33, 2, 133); Nancy, 16 juillet 1833 (*op. cit.*, 34, 2, 133). — Voy. pour la négative : Rej., 5 août 1813 et 14 déc. 1814 (Dalloz, Rec. alphab., 1, 498; 1, 199); Paris, 5 janv. 1825 (Dalloz, Rec. pér., 26, 2, 10); Nîmes, 7 févr. 1832 (*op. cit.*, 32, 2, 153).

SECTION II.

Du délai avant lequel on ne peut appeler.

Lorsqu'il s'agit d'un jugement contradictoire non exécutoire par provision, la loi exige qu'il y ait au moins un délai de huitaine entre la date du jugement et celle de l'appel (art. 449). Déjà la loi du 24 août 1790, titre 5, art. 14, avait prononcé la non-recevabilité de l'appel interjeté dans la huitaine du jugement : « idée heureuse, » dit M. Bigot de Préameneu, « dont le résultat doit être de donner aux mouvements qui d'abord agitent un plaideur condamné, le temps de se calmer, de se rapprocher de la partie adverse, d'accepter la médiation de parents, d'amis, de conseils, de se rendre, enfin, à la réflexion dont il a besoin pour décider avec sagesse s'il exécutera le jugement ou s'il l'attaquera. »

Mais, par une rigueur excessive, la loi de 1790 déclarait déchu de la faculté d'appeler celui qui avait interjeté un appel prématuré. L'article 449 ne va pas aussi loin : en déclarant les appels interjetés dans la huitaine non recevables, il ajoute que l'appelant pourrait les réitérer s'il était encore dans les délais.

La loi ne parle que des jugements *non exécutoires par provision.* Ceux qui sont exécutoires par provision sont donc sujets à un appel immédiat. Ces deux idées, *appel* et *exécution,* sont si corrélatives que l'article 550 ajoute : « L'exécution des jugements non exécutoires par provision sera suspendue pendant ladite huitaine. »

SECTION III.

Personnes contre lesquelles court le délai.

Dans l'ancien Droit, les délais d'appel qui étaient déjà fort longs en général, étaient encore augmentés en faveur de certaines personnes.

Ainsi, ils étaient doublés, lorsqu'il s'agissait des domaines de l'Église, des hôpitaux, des colléges. Ils ne commençaient à courir contre le mineur que du jour de la majorité. Il en résultait une incertitude fâcheuse relativement à la chose jugée. L'article 444 a proscrit cette distinction : les délais d'appel courront contre toutes parties, sauf le recours contre les administrateurs, qui sont en faute de n'avoir pas interjeté appel en temps utile. Cependant, la loi a pris une précaution spéciale en faveur des mineurs non émancipés; elle exige que le jugement soit signifié, tant au tuteur *qu'au subrogé tuteur, encore que ce dernier n'ait pas été en cause.* La même décision est applicable à l'interdit. (Art. 509 du Code Napoléon.)

SECTION IV.

Délai de l'appel des jugements préparatoires, des interlocutoires et des provisoires.

Ces trois espèces de jugements sont compris sous le nom *générique* de *jugements d'avant-faire-droit,* par opposition aux jugements définitifs. Les jugements préparatoires et les interlocutoires sont définis dans l'article 452. Le jugement provisoire est celui qui prononce *par provision,* et avant le jugement définitif sur un point qui exige célérité, et il ordonne, ou la jouissance totale ou partielle de la chose contestée ou des mesures pour en assurer la conservation.

Cette distinction est très-importante pour la matière que nous traitons. L'appel d'un jugement préparatoire ne peut être interjeté qu'après le jugement définitif, et conjointement avec l'appel de ce jugement et par suite, le délai de l'appel ne court que du jour de la signification de ce dernier (art. 451, al. 1). L'appel des jugements interlocutoires et des provisoires est recevable avant le jugement définitif. (Art. 451, al. 2.)

Les auteurs sont loin d'être d'accord sur la portée de ces mots dans l'article 452, *qui préjuge le fond.* Peut-on considérer comme préjugeant le fond, à l'effet d'autoriser l'appel immédiat, les jugements d'instruction qui sont rendus sur la demande d'une partie sans opposition de l'autre? Nous ne le pensons pas. On ne peut pas dire en effet, que, dans ce cas, l'une des parties souffre un grief de l'avant-faire-droit, *volenti non fit injuria*. Or, l'appel de ce jugement préliminaire n'est ouvert avant le jugement définitif que par la considération qu'une partie pourrait être lésée par le premier.

Mais que faut-il décider pour le cas où le tribunal aurait ordonné d'office la preuve de faits qui lui auraient paru concluants? On a voulu soutenir qu'un pareil jugement n'est pas interlocutoire, puisque le tribunal ne le prononce que pour sa *propre instruction*, sans en être requis par une partie qui, en concluant à l'avant-faire-droit, eût laissé entrevoir les conséquences qu'elle prétendrait en tirer en faveur de sa cause. Nous croyons qu'il faut distinguer : *si* les conclusions prises par l'une ou l'autre partie n'emportent pas contestation à l'admissibilité de la preuve; le jugement qui l'ordonne n'est point interlocutoire; mais lorsque l'une des parties oppose des exceptions ou des moyens de défense qui rendent la preuve inadmissible pour la décision du fond, ou la rendent inutile d'après la règle *frustra probatur quod probatum non relevat*, le jugement qui ordonne cette preuve rejette au moins implicitement ces exceptions ou moyens de défense; donc il est interlocutoire.

Puisque l'appel du jugement interlocutoire est recevable avant le jugement définitif, le délai doit courir d'après la règle générale posée par l'article 443, à partir de la signification du jugement interlocutoire. Cependant, de nombreux arrêts ont jugé que le délai d'appel d'un jugement interlocutoire ne court que de la signification du jugement définitif. Ils se sont fondés sur l'expression facultative du deuxième paragraphe de l'article 451, *pourra être interjeté*. L'article 31 dit également *l'appel est permis*, etc. Mais cette expression facultative peut très-bien s'expliquer par opposition à l'expression exclusive du premier paragraphe. *L'appel d'un jugement préparatoire ne pourra être interjeté, etc. L'appel d'un jugement interlocutoire pourra être interjeté avant le jugement définitif.* Cela n'empêche point qu'il ne puisse l'être après, si l'on est encore dans le délai. On ne pouvait donc pas dire : *l'appel d'un jugement interlocutoire devra être interjeté avant le jugement définitif.* D'ailleurs, si la loi avait voulu que le délai d'appel des jugements interlocutoires courût à partir de la signification du jugement définitif, elle aurait dû le dire formellement, plutôt que pour les jugements préparatoires, puisque l'appel de ces derniers n'est pas même recevable avant le jugement définitif.

De même, la dernière disposition du §. 1.er, qui porte que l'appel du jugement préparatoire est recevable *encore que le jugement ait été exécuté sans réserves,* étant exceptionnelle à la règle que l'exécution emporte adhésion, ne saurait être étendue aux jugements interlocutoires. On comprend, du reste, que l'exécution sans réserves d'un jugement dont l'appel immédiat est permis, emporte plutôt la renonciation à l'appel que l'exécution sans réserves d'un jugement dont l'appel n'est pas permis avant l'exécution.

SECTION V.

De l'effet de l'inobservation des délais de l'appel.

L'article 444 prononce la déchéance contre les appels tardifs. Cette déchéance peut être proposée en tout état de cause ; elle doit même être prononcée d'office ; car elle est fondée sur un motif d'ordre public, celui de prévenir et d'étouffer les procès. On ne pourrait, pour soutenir le contraire, se fonder sur une analogie tirée de l'article 2223 du Code Napoléon. La prescription est un moyen de défense dont il répugne souvent à une partie de faire usage. C'est une question de délicatesse et de conscience que les juges doivent abandonner à l'intéressé.

Ce que nous disons de la déchéance résultant de l'appel tardif,

s'applique également à l'appel interjeté dans la huitaine du jugement :
Eadem est ratio.[1]

Comme conséquence de l'article 444, l'article 469 déclare que la
péremption en cause d'appel aura l'effet de donner au jugement dont
est appel, la force de chose jugée (Arg., art. 401). M. Boitard estime
que pour donner un sens réel à l'article 469, qui sans quoi serait
inutile, il faut dire qu'il s'applique même au cas où le délai d'appel
n'aurait pas couru, parce que le jugement n'avait pas été signifié à
l'appelant. Nous ajoutons une raison plausible à l'appui de cette interprétation. La loi a limité le délai de l'appel à trois mois, pour ne pas
laisser planer une trop longue incertitude sur le sort du jugement.
Pourquoi ce délai ne court-il pas tant que le jugement n'est pas signifié?
parce que la partie condamnée est censée n'avoir pas une connaissance
certaine du jugement. Mais du moment qu'elle interjette appel, cette
présomption est détruite. La péremption doit donc également éteindre
l'action quand le jugement n'a pas été signifié.

SECTION VI.

Suspension et prorogation des délais d'appel.

Une première cause de suspension est indiquée dans l'article 447,
c'est la mort de la partie condamnée. Les délais ne reprendront leur
cours que depuis la signification directement faite à l'héritier, et à
compter de l'expiration des délais pour faire inventaire et délibérer si
le jugement a été signifié avant que ces derniers délais fussent expirés.

La signification peut être faite aux héritiers collectivement et sans
désignation des noms et qualités, car la partie ignore le plus souvent
les noms et qualités des héritiers de son adversaire. La signification
du jugement doit être faite au domicile du défunt. Mais comme il
arrive le plus souvent que ce domicile est abandonné, lorsque les

---

1. Voy. cp. Bordeaux, 21 déc. 1832 (Dalloz, Rec. pér., 33, 2, 73).

héritiers ont déjà recueilli la succession, la signification doit être faite avec les formalités prescrites par l'article 68, pour que les héritiers puissent en être instruits à temps.[1]

Les autres causes de suspension sont énumérées dans l'article 448.

Le délai de l'appel ayant été fixé d'une manière assez large pour pouvoir être appliqué sur tous les points du territoire, n'est point susceptible d'augmentation proportionnelle à raison des distances. Il n'y a d'exception que pour ceux qui demeurent hors de la France continentale, et pour ceux qui sont absents du territoire européen du royaume pour service de l'État. (Art. 445 et 446.)

CHAPITRE III.

Procédure sur l'appel.

Dans l'ancien Droit, l'appel s'interjetait par une déclaration au greffe, qualifié d'*appel volant,* parce qu'elle n'avait pour but que d'arrêter l'exécution du jugement. Dans les trois mois de cette déclaration, la partie devait citer son adversaire pour procéder sur l'appel, c'est ce qu'on appelait *relever* appel. Faute par l'appelant de remplir cette formalité, l'intimé, qui voulait reprendre les poursuites, sommait son adversaire, c'est ce qu'on appelait *anticiper,* et trois mois après cette sommation, si l'appelant n'avait pas suivi, l'intimé faisait déclarer la *désertion* de l'appel. Mais cette désertion n'empêchait pas l'apppelant de réitérer ensuite l'appel dans les délais légaux. Le droit

---

1. L'art. 447 porte *avec les formalités prescrites en l'art.* 61 : mais cette disposition n'ayant été ajoutée que sur les observations de la Cour de Rennes, dans le but que nous avons indiqué au texte, il faut dire, ou qu'il y a erreur dans l'art. 447, ainsi que le soutient M. Berriat Saint-Prix (p. 418, note 53), ou que le renvoi à l'art. 61 est spécialement applicable au n.º 2 de cet article, qui parle de la mention de la personne à laquelle la copie a été remise ; mais, dans cette hypothèse encore, il faudrait recourir à l'art. 68 pour le cas qu'il prévoit.

intermédiaire abolit la *désertion*. Le Code de procédure a abrogé toutes ces formalités inutiles et dispendieuses par l'article 456.

L'acte d'appel se formant par exploit signifié à personne ou domicile, il s'ensuit qu'il est assujetti à toutes les formalités prescrites par l'article 61. Il faut pourtant en excepter une, c'est l'exposé des griefs au moyen d'appel. (Arg., art. 456 et 462 cbn.; cfr. art 77.)

En général, et sauf les exceptions formellement écrites dans la loi, la procédure s'instruit en appel comme devant les tribunaux de première instance (art. 470). Ainsi rien n'empêche l'appelant, afin de couper au plus bref, de suivre l'audience après la constitution d'avoué de l'intimé; sans avoir développé ses griefs dans la requête dont parle l'article 462. Réciproquement, quand l'appelant a signifié sa requête où il expose ses griefs, l'intimé pourrait, sans y répondre, suivre immédiatement l'audience, sauf à présenter sa défense à l'audience de la Cour d'appel et sur plaidoirie. (Cfr. art. 77 à 80 [1].)

Il ne doit pas dépendre d'une partie d'enlever à son adversaire le bénéfice des deux degrés de juridiction. De là la défense de former en appel aucune demande nouvelle. (Art. 464, al. 1.)

On ne doit point considérer comme prohibés les moyens nouveaux, soit de droit, soit de fait, car l'appel n'est pas seulement institué pour rectifier les erreurs ou les omissions du juge, mais encore pour réparer celles des parties. [2]

La loi fait quelques exceptions à la prohibition des demandes nouvelles. La première, relative à la compensation, offre l'avantage de trancher deux procès en un, la compensation étant une cause d'extinction autorisée par l'article 1234 du Code Nap. La seconde exception a lieu lorsque *la demande nouvelle n'est que la défense à l'action principale*, ou la défense à l'exception opposée par le défendeur originaire. [3]

---

1. Rej., 29 mai 1834 (Dalloz, Rec. pér., 34, 1, 259).
2. Berriat Saint-Prix, p. 404, note 4; p. 429, note 98. — Cass., 25 juin 1817 (Sirey, XVIII, p. 13).
3. Bourges, 4 déc. 1830 (Dalloz, Rec. pér., 34, 2, 233).

Enfin l'article 464, al. 2, énumère des exceptions dont le principe est très-simple.

L'article 465 a eu pour but de simplifier la procédure sur l'appel, et d'y mettre le plus d'économie possible.

Afin d'écarter l'abus des interventions officieuses qui régnait autrefois, et pour enlever ainsi à la chicane le moyen d'allonger les procès, l'article 466 déclare *qu'aucune intervention ne sera reçue, si ce n'est de la part de ceux qui auraient droit de former tierce-opposition.* Il suffit qu'une partie ait le droit de former tierce-opposition, soit au jugement de prononcer instance, soit à l'arrêt d'appel : *Lex non distinguit.*[1]

Les articles 467 et 468 renferment des dispositions à peu près analogues à celles des articles 117 et 118. La formalité d'un deuxième tour de scrutin prescrite par l'article 117, n'est pas reproduite par l'article 467, mais elle est déclarée commune aux Cours d'appel par le décret du 30 mars 1808. (Merlin, Rép., *verbo* Opinion.)

CHAPITRE IV.

Des effets de l'appel.

L'appel a deux effets principaux : l'un dévolutif, l'autre suspensif.

SECTION PREMIÈRE.

De l'effet dévolutif.

L'appel est dévolutif en ce sens, qu'il saisit le juge supérieur de la cause sur laquelle le juge inférieur a prononcé. Mais cette dévolution peut n'être que partielle, lorsque l'appel est restreint à certains chefs[2], ou, lorsque sans préciser les chefs, la partie n'est présumée avoir ap-

---

1. Turin, 19 août 1807 (Sirey, IX, 2, 118).
2. Colmar, 27 mai 1833 (Dalloz, Rec. pér., 34, 2, 195).

pelé que des dispositions qui lui préjudicient et avoir acquiescé à celles qui lui sont favorables.[1]

La dévolution au juge d'appel dessaisit immédiatement et complètement le tribunal inférieur.

L'article 473, al. 1, indique un cas où la dévolution produit cet effet remarquable, qu'elle enlève aux parties le premier degré de juridiction dans un but de célérité et d'économie.

L'effet dévolutif de l'appel cesse du moment que le jugement attaqué est confirmé. Dans ce cas l'exécution du jugement appartient donc non pas à la Cour qui l'a confirmé, mais au tribunal qui l'a rendu, si toutefois ce tribunal peut connaître de l'exécution de ces jugements (cpr. art. 442 et 553 cbn.). Par une raison inverse, si le jugement est infirmé, l'*exécution entre les mêmes parties* appartiendra aux juges d'appel, car le jugement infirmé est censé n'avoir jamais existé. La Cour peut cependant renvoyer l'exécution de cet arrêt infirmatif, non pas au tribunal dont elle infirme la sentence, parce que ce dernier, influencé par sa décision infirmée, pourrait apporter quelque prévention dans les questions d'exécution, mais à un autre tribunal du même degré, *sauf les cas de la demande en nullité d'emprisonnement, en expropriation forcée et autres dans lesquels la loi attribue juridiction.* (Art. 472.)

SECTION II.

De l'effet suspensif.

L'effet suspensif est, en général, la conséquence de l'effet dévolutif (art. 457, al. 1). De là il suit que toutes les poursuites, tous les actes d'exécution, auxquels il aurait été procédé postérieurement à l'appel, seront nuls[2], peu importe que le jugement soit infirmé ou confirmé

---

1. Rennes, 1.er août 1810 (Sirey, III, 2, 319).
2. *Nec obstat*, art. 1030. Cet article ne s'applique qu'aux nullités de forme, dans les exploits ou actes de procédure.

sur l'appel. La loi refuse au jugement toute puissance exécutoire sans distinguer. Toutefois si l'appel était déclaré non recevable pour vice de forme, ou pour avoir été interjeté hors des délais légaux, les actes d'exécution, faits dans l'intervalle, resteront valables, parce que véritablement il n'y a jamais eu d'appel.

L'appel n'est pas suspensif lorsque le jugement prononce l'exécution provisoire *dans les cas où elle est autorisée* (art. 457, al. 1). Cette rédaction est trop limitative, car l'exécution provisoire a lieu de plein droit pour les jugements des tribunaux de commerce, en vertu de l'article 439. D'un autre côté, dans les hypothèses prévues par le *principium* de l'article 135 ainsi que par l'article 114 de la loi du 25 mai 1838, la loi oblige les juges à prononcer l'exécution provisoire malgré l'appel.

Les effets du jugement et de l'appel pouvaient faire naître des difficultés lorsque les premiers juges avaient mal qualifié leur sentence, ou ne s'étaient point conformés à la loi relativement à l'exécution provisoire. Les articles 457 (al. 2 et 3), 458 et 459 ont prévu ces différents cas.

CHAPITRE V.

De l'amende de fol appel.

L'article 471 détermine le montant de l'amende, à laquelle sera condamné l'appelant qui succombera. Cette amende, appelée dans l'usage *amende de fol appel*, est considérée comme une juste peine infligée à un plaideur téméraire. L'article 90 du tarif alloue une vacation « pour consigner l'amende en requête civile ou sur appel dans toutes causes à l'exception des matières sommaires. » Une décision ministérielle du 12 septembre 1809 a étendu la nécessité de la consignation aux matières sommaires. Comme sanction, deux arrêtés du 27 nivôse an X et du 10 floréal an XI, renouvelant les dispositions de la déclaration du 21 mars 1671, ont prononcé une amende de 500 fr. contre le greffier de la Cour d'appel qui aura délivré, expédié un arrêt d'appel, sans avoir préalablement exigé la consignation de l'amende, sauf le recours du greffier contre l'avoué de l'appelant. Mais l'appel n'est pas non recevable faute de consignation, comme cela a lieu pour la requête civile. (Art. 494.)

Il n'y a pas lieu de prononcer l'amende contre l'appelant qui a obtenu gain de cause sur un chef, quoiqu'il ait été condamné sur tous les autres. Une réformation même partielle prouve qu'il était fondé à se plaindre.

Vu par le professeur soussigné, président de la thèse.

Strasbourg, le 30 juillet 1852.

Schützenberger.